ABITUR-WISSEN
LATEIN

Thomas J. Golnik

Prüfungswissen Latinum

STARK

Bildnachweis

Umschlagbild: © Loic Bernard/iStockphoto.com

S. 1: Seite 1 der Abrogans-Handschrift (Stiftsbibliothek St. Gallen, cod. 911, 8. Jh.), eines lateinisch-althochdeutschen Wörterbuches bzw. des ältesten deutschsprachigen Buches überhaupt, benannt nach dem ersten Eintrag: *abrogans* = *dheomodi* (demütig)

S. 19: Darstellung der Grammatica von Andrea Pisano am Campanile di Giotto, entstanden zwischen 1337 und 1359. Florenz, Museo dell'Opera del Duomo.
Foto: ullstein bild – Alinari Archives, Florence

S. 34: © Marion Augenstein

S. 64: © Thomas J. Golnik

S. 79: Bronzestatue des Aulus Metellus bzw. des „Arringatore". 1. Drittel des 1. Jh. v. Chr. Florenz, Archäologisches Nationalmuseum. Foto: ullstein bild – AISA

S. 93: © SELCUK ARSLAN – Fotolia.com

S. 111: Cicero: Marmorbüste. Florenz, Galleria degli Uffizi. Foto: bpk/Scala
Pompeius: bpk
Caesar: Neapel, Archäologisches Nationalmuseum. Foto: bpk/Scala
Augustus von Prima Porta. Rom, Vatikanische Museen. Foto: © Visipix.com
Antonius: Denar aus dem Jahr 41 v. Chr. Foto: Numismatische Bilddatenbank Eichstätt
Vergil: Detail aus einem Mosaik. Tunis, Bardo Nationalmuseum. Foto: bpk/Bardo Museum/ Le Musée National du Bardo, Tunis/Scala
Sallust: Kupferstich von Johann Georg Mansfeld (1764 –1817). Berlin, Archiv für Kunst und Geschichte. Foto: picture-alliance/akg-images

S. 144: Epikur: Marmorbüste. Rom, Musei Capitolini. Foto: bpk/Alfredo Dagli Orti
Sokrates: Marmorbüste. Paris, Musée du Louvre. Foto: bpk/RMN/Hervé Lewandowski
Platon: Bildnisherme aus Marmor. Römische Kopie einer Statue des Silanion in der Akademie zu Athen. Berlin, Staatliche Museen, Antikensammlung. Foto: bpk/Antikensammlung, SMB/Ingrid Geske
Thales von Milet: Neuzeitlicher Stich. Foto: ullstein bild – AISA
Zenon von Kition: Marmorbüste. Neapel, Archäologisches Nationalmuseum. Foto: ullstein bild – Roger Viollet
Aristoteles: Marmorbüste. Palermo, Archäologisches Nationalmuseum. Foto: ullstein bild – Luisa Ricciarini
Seneca: Detail einer Doppelherme von Sokrates und Seneca. 3. Jh. Berlin, Staatliche Museen, Antikensammlung. Foto: ullstein bild

ISBN 978-3-86668-155-2

Inhalt

Fortsetzung siehe nächste Seite

Fortsetzung siehe nächste Seite

Fortsetzung siehe nächste Seite

Autor: Thomas J. Golnik

Vorwort

Liebe Schülerin, lieber Schüler,

das vorliegende Buch dient dazu, Lateinlernenden in den zum Latinum führenden Kursen ein **universelles Begleitmaterial** zur Verfügung zu stellen, in dem alle relevanten Aspekte ihrer Lateinausbildung in knapper, übersichtlicher Form vereinigt sind. Es ist somit ein **praktisches Hilfsmittel** sowohl bei der Erarbeitung entsprechender Kenntnisse wie auch bei der Prüfungsvorbereitung.

Eingangs enthält der Band eine alphabetische **Liste der wichtigsten Caesar- und Cicero-Vokabeln** sowie eine Einführung in die **Systematik römischer Namen**.

Die kurzgefasste **lateinische Sprachlehre** befasst sich mit allen wichtigen Aspekten der Morphologie (Formenlehre) und Syntax (Satzlehre). Bei den Kasusfunktionen wurden solche, die deutschen Muttersprachlern erfahrungsgemäß Probleme bereiten, mit dem Zeichen ▶ markiert.

Es folgen Ausführungen zu hilfreichen **Texterschließungsmethoden** und Instrumenten der **Textgrammatik**, welche die innere Struktur eines Textes erkennen lassen. Ergänzt wird dieses Kapitel durch eine Übersicht über die gebräuchlichsten **Stilmittel** und eine Einführung in die antike **Rhetorik**.

Den Abschluss bildet eine Zusammenstellung der wichtigsten **allgemein-, literatur- und kulturgeschichtlichen Themen** unter besonderer Berücksichtigung ihrer „Latinumsrelevanz“. Bei manchen Begriffen und Namen wurden Betonungszeichen eingesetzt, um die korrekte Aussprache zu erleichtern.

Zwei getrennte **Stichwortverzeichnisse** zur Grammatik und zur Realienkunde erlauben eine schnelle Orientierung im jeweiligen Kapitel.

Quod bonum, faustum, felix fortunatumque sit!

Thomas J. Golnik

Wortschatz

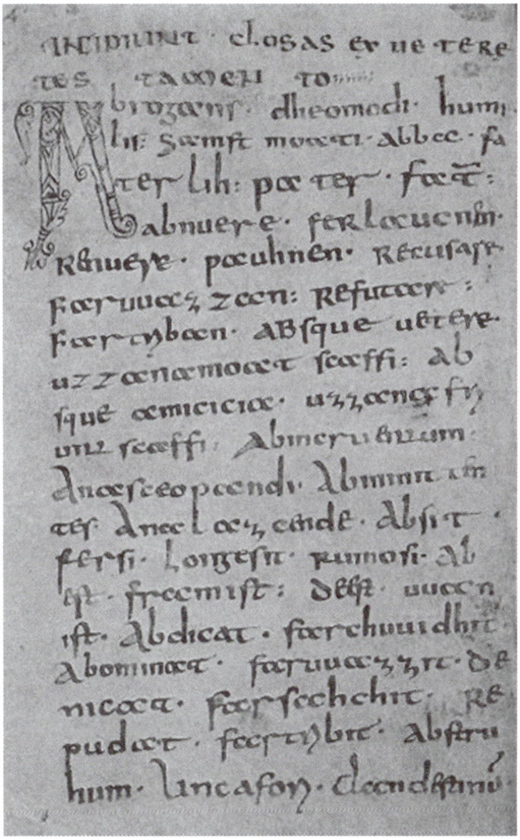

1 Vokabelliste

Die folgende Liste umfasst die ca. 450 Vokabeln, die bei den Autoren Caesar und Cicero am häufigsten begegnen. Wörter, die für Caesar besonders wichtig sind, wurden mit einem ○ gekennzeichnet; ein ● steht für Wörter, die in Cicero-Texten oft vorkommen. In blauer Farbe sind die 100 Vokabeln kenntlich gemacht, die in der Häufigkeitsskala ganz vorn liegen.

Legende der Abkürzungen:
Adv. = Adverb, **Konjn.** = Konjunktion, **Präp.** = Präposition, **m.** = mit, **Ind.** = Indikativ, **Konj.** = Konjunktiv. Bei Verben kennzeichnen die Ziffern die Konjugationsklassen: **1.** = a-Konjugation, **2.** = e-Konjugation, **3.** = konsonantische Konjugation, **3m.** = gemischte Konjugation, **4.** = i-Konjugation; **Va.** = unregelmäßiges Verb (Verbum anómalum): *esse, ire, ferre* ...
Zahlenangaben in Klammern beziehen sich auf die Kapitel des Grammatikteils in diesem Buch (ab S. 19).

○ ●	**ā/ab/abs** *(Präp. m. Abl.)*	von (... weg/her)
○ ●	**abesse**, absum, āfuī, – *Va.*	weg sein, entfernt sein, fehlen
○ ●	**accidere**, ō, cidī, – 3.	zustoßen, sich ereignen
○ ●	**accipere**, iō, cēpī, ceptum *3m.*	annehmen, empfangen
○	**aciēs**, ēī *f.*	1. Schärfe; 2. Schlachtreihe, Front
○ ●	**ad** *(Präp. m. Akk.)*	1. zu, nach; 2. bei; 3. *(bei Zahlen:)* ungefähr
○ ●	**addūcere**, ō, dūxī, ductum 3.	1. hinführen; 2. veranlassen
○ ●	**adīre**, eō, iī, itum *Va.*	1. herangehen, aufsuchen; 2. bitten
○ ●	**adventus**, ūs *m.*	Ankunft
●	**aetās**, ātis *f.*	Lebensalter, Zeitalter
○ ●	**afferre**, ferō, attulī, allātum *Va.*	1. herbeibringen; 2. melden
●	**afficere**, iō, fēcī, fectum *3m.* gaudiō afficere iniuriā afficere dolōre afficere	versehen, ausstatten erfreuen (jemandem) ein Unrecht (an-)tun Schmerz zufügen
○ ●	**ager**, agrī *m.*	Acker, Land, Gebiet
○ ●	**agere**, ō, ēgī, āctum 3. agitur/aguntur *(m. Nom.)*	treiben, betreiben, führen es geht um *(m. Akk.)*
●	**aliēnus**, a, um	fremd, unpassend
○ ●	**aliquī**, qua (quae), quod (6.8)	(irgend-)ein *(adjektivisch)*
○ ●	**aliquis**, quid (6.8)	(irgend-)jemand, (irgend-)etwas *(substantivisch)*

○ ● **alius**, a, um (6.11)	ein anderer
○ aliī … aliī	die einen … die anderen
○ ● **alter**, era, erum (6.11)	der andere (von beiden)
○ alter … alter	der eine … der andere
○ **altus**, a, um	1. hoch; 2. tief
○ ● **amīcitia**, ae *f.*	Freundschaft
○ ● **amīcus**, ī *m.*	Freund
amīcus, a, um	befreundet
● **amor**, ōris *m.*	Liebe
● **amplus**, a, um	weit, geräumig; prächtig
● **an** *(Fragepartikel)*	1. *(in einfachen, selbstständigen Fragen:)* etwa; 2. *(in einfachen, abhängigen Fragen:)* ob; 3. *(in Doppelfragen, z. B.* utrum … an:*)* oder
○ ● **animadvertere**, ō, vertī, versum 3.	bemerken
○ ● **animus**, ī *m.*	Mut, Geist, Gesinnung
○ ● **annus**, ī *m.*	Jahr
○ ● **ante** *(Präp. m. Akk.)*	vor *(räumlich und zeitlich)*
○ ● **ante/anteā** *(Adv.)*	vorher, früher
● **antīquus**, a, um	alt
○ ● **appellāre** 1.	nennen, ansprechen
○ ● **apud** *(Präp. m. Akk.)*	bei *(v. a. bei Personen)*
○ ● **arbitrārī** 1.	glauben, meinen
○ ● **arma**, ōrum *n. (nur Pl.;* 4.4)	Waffen
○ ● **at** *(Konjn.)*	aber *(besonders starker Gegensatz)*
○ ● **atque/ac** *(Konjn.)*	1. und; 2. *(bei Ausdrücken der Gleichheit und Ähnlichkeit:)* wie
○ ● **auctōritās**, ātis *f.*	Ansehen, Einfluss
○ ● **audēre**, eō, ausus sum 2. (8.6)	wagen, riskieren
○ ● **audīre** 4.	hören
● **auferre**, ferō, abstulī, ablātum *Va.*	wegtragen, wegnehmen, rauben
○ ● **aut** *(Konjn.)*	oder
aut … aut	entweder … oder
○ ● **autem** *(nachgestellte Konjn.)*	aber *(Ist der Gegensatz sehr schwach, kann* autem *durch „und" wiedergegeben werden oder ersatzlos entfallen.)*
○ ● **auxilium**, ī *n.* (4.4)	1. Hilfe, Unterstützung; 2. *(Pl.:)* Hilfstruppen

○ ● **bellum**, ī *n.*	Krieg
bellum īnferre *(m. Dat.)*	(mit jemandem) Krieg beginnen
bellum gerere	Krieg führen
○ ● **bene** *(Adv.)*	gut
○ ● **bonus**, a, um	gut
○ ● **caedēs/-is**, is *f.*	Blutbad, Mord
○ **Caesar**, aris *m.*	Caesar [vgl. S. 103 ff.]
○ ● **capere**, iō, cēpī, captum *3m.*	fassen, ergreifen; erobern
cōnsilium capere	einen Entschluss fassen
● **caput,** capitis *n.*	1. Kopf; 2. Hauptstadt
○ ● **castra,** ōrum *n. (nur Pl.;* 4.4)	Lager
castra movēre	aufbrechen, abmarschieren
○ ● **causa**, ae *f.*	1. Grund, Ursache; 2. *(juristisch:)* Fall
eā/quā dē causā	aus diesem Grund, deshalb
○ ● **causā** *(Präp. m. vorangestelltem Gen.;* 10.2)	wegen
○ ● **certus**, a, um	sicher, gewiss
● **cēterī**, ae, a *(meist Pl.)*	die übrigen, die anderen
○ **circiter** *(Adv.)*	ungefähr
● **cīvis**, is *m./f.*	Bürger
○ ● **cīvitās**, ātis *f.*	1. („Bürgerschaft“, *also:*) Gemeinde, Stadt, Staat; 2. Bürgerrecht
● **classis**, is *f.*	Flotte
○ ● **coepisse**, coepī, coeptum *3m.* *(nur Perfektstamm;* 9.10, d)	angefangen haben
○ ● **cōgere**, ō, coēgī, coactum 3.	1. zwingen; 2. versammeln
○ ● **cōgnōscere**, ō, nōvī, nitum 3.	erkennen, bemerken, erfahren
○ ● **committere**, ō, mīsī, missum 3.	1. anvertrauen; 2. zulassen
proelium committere	den Kampf beginnen
○ ● **commūnis**, e	gemeinsam, allgemein
○ ● **comparāre** 1.	1. erwerben, sich verschaffen; 2. vergleichen
○ ● **complūrēs**, a *(nur Pl.)*	mehrere, recht viele, nicht wenige
○ ● **cōnārī** 1.	versuchen
○ ● **cōnferre**, ferō, contulī, collātum *Va.*	1. zusammentragen; 2. vergleichen
sē cōnferre	sich begeben
○ ● **cōnficere**, iō, fēcī, fectum *3m.*	beenden, (mit etwas) fertig werden
○ ● **coniūrātiō**, ōnis *f.*	Verschwörung
○ ● **cōnsilium**, ī *n.*	1. Rat, Plan, Beschluss; 2. Versammlung

	cōnsilium capere	einen Entschluss fassen
	hōc cōnsiliō ūtī	diesen Plan umsetzen
○	**cōnsistere**, ō, stitī, – 3.	sich hinstellen; stehenbleiben
○ ●	**cōnstituere**, ō, tuī, tūtum 3.	festsetzen, beschließen, aufstellen
○	**cōnsuēscere**, ō, suēvī, suētum 3. (9.10, f)	sich gewöhnen, *(Perf.:)* gewohnt sein
●	**cōnsul**, cōnsulis *m.*	Konsul *(Pl.:* Konsuln) [vgl. S. 119 f.]
○ ●	**continēre**, eō, tinuī, tentum 2.	1. begrenzen, zusammenhalten; 2. zurückhalten
○ ●	**contrā** *(Präp. m. Akk.)*	gegen
○ ●	**convenīre**, iō, vēnī, ventum 4.	zusammenkommen, sich versammeln
○ ●	**cōpia**, ae *f.* (4.4)	1. Menge, Vorrat; 2. *(Pl.:)* Truppen
○ ●	**corpus**, corporis *n.*	1. Körper; 2. Leiche
○ ●	**crēdere**, ō, didī, ditum 3.	glauben, vertrauen
○ ●	**cum** *(Konjn. m. Ind.;* 11.3)	1. (immer) wenn; 2. (damals) als; 3. als (plötzlich); 4. indem
○ ●	**cum** *(Konjn. m. Konj.;* 11.3)	1. als; 2. da/weil; 3. obwohl; 4. wohingegen
○ ●	**cum** *(Präp. m. Abl.)*	mit
	ūnā cum	zusammen mit
○ ●	**cum … tum**	zwar … besonders aber
●	**cūra**, ae *f.*	Sorge, Pflege
	… mihi cūrae est (20.4)	ich kümmere mich um …
○ ●	**dare**, dō, dedī, datum 1.	geben
	operam dare *(m. Dat.)*	sich (bei etwas) Mühe geben
○ ●	**dē** *(Präp. m. Abl.)*	1. von (… herab); 2. über (etwas reden, schreiben, nachdenken …)
○ ●	**dēbēre**, eō, būi, bitum 2.	müssen; schulden
○ ●	**deesse**, dēsum, fuī, – *Va.*	fehlen, abwesend sein
○ ●	**dēfendere**, ō, fendī, fēnsum 3.	verteidigen, abwehren
○ ●	**dēferre**, ferō, tulī, lātum *Va.*	1. hinbringen; 2. melden
●	**deinde** *(Adv.)*	dann
	prīmum/-ō … deinde … postrēmō	zuerst … dann … schließlich
●	**deus**, ī *m. (Pl. statt* deī *auch* dī)	Gott
	per deōs (immortālēs)!	bei den (unsterblichen) Göttern!
○ ●	**dīcere**, ō, dīxī, dictum 3.	sagen
○ ●	**diēs**, ēī *m./f.*	1. *(m.:)* Tag; 2. *(f.:)* Termin
	in diēs	von Tag zu Tag
○	**dīmittere**, ō, mīsī, missum 3.	entlassen, fortschicken
○ ●	**discēdere**, ō, cessī, cessum 3.	weggehen, sich entfernen

○	●	**diū** *(Adv.)*	lange
○	●	**dolor**, ōris *m.*	Schmerz
	●	**dominus**, ī *m.*	(Haus-)Herr
○	●	**domus**, ūs *f.* (!) domī domum domō	Haus zu Hause nach Hause von zu Hause
○	●	**dubitāre** *1.*	zweifeln, zögern
○	●	**dūcere**, ō, dūxī, ductum *3.*	1. führen; 2. halten für, zählen zu
○	●	**dum** *(Konjn.)*	während, solange
○	●	**duo**, duae, duo (14)	zwei
○	●	**dux**, ducis *m.*	Führer, Feldherr
○	●	**ē/ex** *(Präp. m. Abl.)*	aus, von
	●	**ego** (meī, mihi, mē; 6.2)	ich
○		**ēgredī**, ior, ēgressus sum *3m.*	sich entfernen, ausrücken
○	●	**enim** *(nachgestellte Konjn.)*	nämlich, denn
○		**eōdem** *(Adv.)*	ebendorthin, an dieselbe Stelle
○	●	**eques**, equitis *m.*	Reiter; Ritter
○		**equitātus**, ūs *m.*	Reiterei, berittene Soldaten
	●	**ēripere**, iō, ripuī, reptum *3m.*	entreißen, rauben
○	●	**esse**, sum, fuī, – *Va.* (*PFA:* futūrum; *Inf. Fut. auch:* fore; 9.1)	1. *(Hilfsverb:)* sein; 2. *(Vollverb:)* vorhanden sein, existieren, sich befinden
○	●	**et** *(Konjn.)* et … et	und, auch sowohl … als auch
○	●	**etiam** *(Konjn.)*	auch; sogar
○	●	**exercitus**, ūs *m.*	Heer
○		**exīre**, eō, iī, itum *Va.*	hinausgehen
○	●	**exīstimāre** *1.*	glauben, meinen, halten für
○	●	**exspectāre** *1.*	erwarten, abwarten
○	●	**facere**, iō, fēcī, factum *3m.* iter facere	machen, tun, handeln marschieren, reisen
○	●	**facile** *(Adv.)*	leicht, mühelos
○	●	**fāma**, ae *f.*	1. Gerücht, Sage; 2. (jemandes) Ruf
○		**ferē** *(Adv.)*	fast, beinahe
○	●	**ferre**, ferō, tulī, lātum *Va.* (9.6) lēgem ferre	1. tragen, bringen; 2. ertragen ein Gesetz einbringen/vorschlagen

○ ●	**fidēs**, eī *f.*	Treue, Vertrauen
	fidem habēre *(m. Dat.)*	(jemandem) vertrauen
○ ●	**fierī**, fīō, factus sum *Va.* *(dient als Passiv für* facere; 9.9)	1. werden; 2. geschehen; 3. gemacht werden
	fit, ut …	es geschieht/kommt vor, dass …
○ ●	**fīlius**, ī *m.*	Sohn
○ ●	**fīnis**, is *m.* (4.4)	1. Grenze, Ende; 2. *(Pl.:)* Gebiet
○	**flūmen**, flūminis *n.*	Fluss
○ ●	**fortis**, e	stark, kräftig, tapfer, mutig
○ ●	**fortūna**, ae *f.*	Schicksal; Glück
○ ●	**frāter**, frātris *m.*	Bruder
○ ●	**frūmentum**, ī *n.*	Getreide
○	**fuga**, ae *f.*	Flucht
○ ●	**fugere**, iō, fūgī, – *3m.*	fliehen
●	**futūrus**, a, um	künftig
●	**gēns**, gentis *f.*	Völkerschaft; Sippe, Familie
○ ●	**genus**, generis *n.*	Geschlecht, Art
○ ●	**gerere**, ō, gessī, gestum 3.	(aus-)führen
	bellum gerere	Krieg führen
	rēs gestae	Taten
●	**gladiātor**, ōris *m.*	Gladiator
○ ●	**grātia**, ae *f.*	1. Dank; 2. Gunst, Wohlwollen
	grātiās agere/referre	danken
○ ●	**gravis**, e	schwer; schwerwiegend, bedeutsam
○ ●	**habēre**, eō, buī, bitum *2.*	haben; halten
	fidem habēre *(m. Dat.)*	(jemandem) vertrauen
	ōrātiōnem habēre	eine Rede halten
●	**hīc** *(Adv.)*	hier
○ ●	**hic**, haec, hoc (6.5; 6.6, b)	dieser (hier)
○ ●	**homō**, hominis *m.*	Mensch
●	**honōr**/-ōs, ōris *m.*	Ehre
●	**hospes**, hospitis *m.*	(„Gastfreund“:) 1. Gast; 2. Gastgeber
○ ●	**hostis**, is *m.*	(Staats-)Feind
○	**hūc** *(Adv.)*	hierher
○ ●	**iam** *(Adv.)*	schon
	nōn iam	nicht mehr
○ ●	**ibī** *(Adv.)*	dort

○ ● **īdem**, éadem, idem (6.5)	derselbe
○ **īgnis**, is *m.*	Feuer
○ ● **ille**, illa, illud (6.5; 6.6, d)	1. jener (dort); 2. der berühmte
● **immortālis**, e	unsterblich
○ ● **imperāre** 1. imperāre *(m. Dat.)* mīlitēs imperāre obsidēs imperāre	befehlen, herrschen (jemanden) beherrschen Soldaten ausheben (die Stellung von) Geiseln fordern
○ ● **imperātor**, ōris *m.*	1. Befehlshaber, Feldherr; 2. Herrscher, Kaiser
○ ● **imperium**, ī *n.*	1. (Ober-)Befehl, Herrschaft; 2. Reich
○ ● **in** *(Präp. m. Abl.;* 10.1)	1. in (… drin), auf (… drauf); 2. bei
○ ● **in** *(Präp. m. Akk.;* 10.1)	1. in (… hinein), auf (… hinauf), nach; 2. *(übertragener Sinn:* feindlich) gegen
○ **inde** *(Adv.)*	1. von dort, daher; 2. daraufhin
○ **īnferre**, ferō, tulī, illātum *Va.* bellum īnferre *(m. Dat.)*	hineintragen (mit jemandem) Krieg beginnen
● **inimīcus**, ī *m.* inimīcus, a, um	(persönlicher) Feind feindlich
○ **inīre**, eō, iī, itum *Va.*	1. hineingehen; 2. beginnen
○ ● **iniūria**, ae *f.*	Unrecht
○ ● **inquam** (inquit etc.; 9.10, b)	sag(t)e ich
○ **īnstituere**, ō, tuī, tūtum 3.	aufstellen; anordnen
○ ● **intellegere**, ō, lēxī, lēctum 3.	erkennen, verstehen, einsehen
○ ● **inter** *(Präp. m. Akk.)*	zwischen, unter
○ ● **interficere**, iō, fēcī, fectum *3m.*	niedermachen, töten
● **invidia**, ae *f.*	Neid, Missgunst, Hass
○ ● **ipse**, ipsa, ipsum (6.5; 6.6, e)	selbst
○ **īre**, eō, iī, itum *Va.* (9.4)	gehen
○ ● **is**, ea, id (6.5; 6.6, a)	1. dieser; 2. *(im Gen. bis Abl. auch:)* er, sie, es
● **iste**, a, ud (6.5; 6.6, c)	1. dieser (da), jener; 2. *(verächtlich:)* der da
○ ● **ita** *(Adv.)* ita est	so ja
○ ● **itaque** *(Konjn./Adv.)*	und so; deshalb
○ ● **item** *(Adv.)*	ebenso, ebenfalls
○ ● **iter**, itineris *n.* iter facere	Weg, Reise marschieren, reisen
○ ● **iubēre**, eō, iussī, iussum 2.	befehlen, verlangen

●	**Iuppiter**, Iovis *m.*	Jupiter [vgl. S. 130]
○ ●	**iūs**, iūris *n.*	Recht
●	**iūstus**, a, um	gerecht
○ ●	**laus**, laudis *f.*	Lob, Ruhm
○ ●	**lēgātus**, ī *m.*	1. Gesandter; 2. *(im Heer:)* Legat, Legionskommandant [vgl. S. 126]
○ ●	**lēx**, lēgis *f.* lēgem ferre	Gesetz ein Gesetz einbringen/vorschlagen
○ ●	**litterae**, ārum *f. (meist Pl.)*	1. Schriftstück, Urkunde; 2. Wissenschaft, Studien
○ ●	**locus**, ī *m.* (*Pl.*: loca, ōrum *n.*)	Ort, Platz, Stelle
○ ●	**longē** *(Adv.)*	weit, bei Weitem
○ ●	**longus**, a, um	lang, weit
●	**loquī**, or, locūtus sum 3.	sprechen, sagen
○ ●	**magis** *(Adv.)*	mehr, in höherem Grade
○ ●	**magistrātus**, ūs *m.*	1. Beamter; 2. Amt; 3. Behörde
○ ●	**māgnus**, a, um (māior, ius; maximus, a, um; 5.5)	groß, bedeutend
●	**mālle**, mālō, māluī, – *Va.* (9.8)	lieber wollen, vorziehen
●	**manēre**, eō, nsī, nsum 2.	bleiben; warten
○ ●	**manus**, ūs *f.* (!)	1. Hand; 2. Schar, Gruppe, Bande
○	**mare**, maris *n.* terrā marīque	Meer zu Lande und zu Wasser
○	**medius**, a, um mediō in forō	der mittlere mitten auf dem Forum
○ ●	**memoria**, ae *f.* memoriae prōdere	Gedächtnis, Erinnerung geschichtlich überliefern
●	**mēns**, mentis *f.*	Geist, Verstand; Gesinnung, Ansicht
●	**metus**, ūs *m.*	Furcht
●	**meus**, a, um (6.2)	mein
○ ●	**mīles**, mīlitis *m.* mīlitēs imperāre	Soldat Soldaten ausheben
○ ●	**mīlle** (*Sg. indekl.; Pl.:* mīlia, ium) mīlle passuum	tausend eine (römische) Meile *(ca. 1,5 km)*
○ ●	**mittere**, ō, mīsī, missum 3.	schicken, (frei-/los-)lassen
○ ●	**modo** *(Adv.)* nōn modo … sed etiam	1. nur; 2. eben, gerade nicht nur … sondern auch

○ ● **modus**, ī *m.*	1. Art und Weise; 2. Maß
in eius modī rē	in einer derartigen Angelegenheit
○ **mōns**, montis *m.*	Berg; Gebirge
summō in monte	oben auf dem Berg
● **morbus**, ī *m.*	Krankheit
○ ● **mors**, mortis *f.*	Tod
○ ● **mōs**, mōris *m.*	Sitte, Brauch
mōs māiōrum	die Sitte der Vorfahren, alter Brauch
○ ● **movēre**, eō, mōvī, mōtum 2.	bewegen; beeinflussen
○ ● **multī**, ae, a (*meist Pl.*)	viele
○ ● **multitūdō**, dinis *f.*	(Menschen-)Menge, Vielzahl
● **mūnus**, mūneris *n.*	1. Aufgabe; 2. Geschenk
● **mūtāre** 1.	wechseln, (sich) verändern
○ ● **nam** (*Konjn.*)	denn, nämlich
○ ● **nāscī**, or, nātus sum 3.	geboren werden; entstammen
○ ● **nātūra**, ae *f.*	Natur, Art, Charakter
○ ● **nāvis**, is *f.*	Schiff
nāvis longa	Kriegsschiff
nāvis onerāria	Lastschiff
○ ● **nē** (*Konjn.*)	(*verneinter Finalsatz:*) dass nicht, damit nicht, um nicht … zu
● **nē … quidem**	nicht einmal …
● **-ne** (*Fragepartikel*)	(*in Satzfragen dem ersten Wort angehängt; bleibt unübersetzt*)
● **necesse est** (*unpersönl. Ausdr.*)	es ist nötig/notwendig
● **negāre** 1.	verneinen; sagen, dass nicht
○ ● **nēmō** (nūllīus, nēminī, nēminem, nūllō)	niemand
○ ● **neque/nec** (*Konjn.*)	und nicht
neque … neque / nec … nec	weder … noch
○ ● **nihil** (nūllīus reī, nūllī reī, nihil, nūllā rē)	nichts
○ ● **nisi** (*Konjn.*)	1. wenn nicht; 2. (*nach Verneinung:*) außer
○ ● **nōbilis**, e	1. vornehm, adlig; 2. berühmt
○ **noctū** (*Adv.*)	nachts
○ ● **nōlle**, nōlō, nōluī, – *Va.* (9.8)	nicht wollen
nōlī(-te) *m. Infinitiv*	(*verneinter Imperativ*)
○ ● **nōmen**, nōminis *n.*	Name

○	●	**nōn**	nicht
○	●	**nōn sōlum**	nicht nur/allein
		nōn sōlum/modo … vērum/sed etiam	nicht nur … sondern auch
	●	**nōs** (nostrī/-rum, nōbīs; 6.2; 6.3, b)	wir
○	●	**noster**, tra, trum (6.2)	unser
		nostrī *(Pl.)*	unsere Leute/Soldaten
○	●	**novus**, a, um	neu
○	●	**nox**, noctis *f.*	Nacht
○	●	**nūllus**, a, um (6.11)	kein
		nūllō pactō	auf keine Weise, nie und nimmer
○	●	**numerus**, ī *m.*	(An-)Zahl
○	●	**numquam** *(Adv.)*	niemals
		nōn numquam	manchmal
	●	**nunc** *(Adv.)*	jetzt, nun
○	●	**ob** *(Präp. m. Akk.)*	1. *(kausal:)* wegen; 2. *(räumlich:)* entgegen
○		**obses**, obsidis *m./f.*	Geisel
		obsidēs imperāre	(die Stellung von) Geiseln fordern
○		**occupāre** 1.	einnehmen, besetzen
	●	**oculus**, ī *m.*	Auge
○	●	**omnis**, e	ganz, *(Pl.:)* alle
	●	**opera**, ae *f.*	Arbeit, Anstrengung
		operam dare *(m. Dat.)*	sich (bei etwas) Mühe geben
○	●	**oppidum**, ī *n.*	Stadt, befestigte Ortschaft
○		**ops**, opis *f.* (4.4)	1. Kraft; Hilfe; 2. *(Pl.:)* Mittel, Vermögen; Truppen
○	●	**opus**, operis *n.*	Arbeit, Werk
○	●	**opus est** *(m. Abl.-Obj.;* 22.1)	(etwas) ist nötig, man braucht (etwas)
	●	**ōrātiō**, ōnis *f.*	Rede
		ōrātiōnem habēre	eine Rede halten
	●	**orbis**, is *m.*	Kreis
		orbis terrae/terrārum	die Welt
○	●	**ōrdō**, ordinis *m.*	1. Ordnung; 2. Stand
		ōrdō equester/senātōrius	Ritter-/Senatorenstand
	●	**ōrnāre** 1.	schmücken; ausstatten, versorgen
	●	**ōs**, ōris *n.*	Mund; Mündung, Eingang
○	●	**ostendere**, ō, tendī, tentum 3.	1. zeigen, erklären; 2. in Aussicht stellen, versprechen
	●	**palam** *(Adv.)*	offen, vor aller Augen, unverhohlen
○	●	**pār**, paris	gleich, ebenbürtig

○ ● **parāre** 1.	bereiten, vorbereiten
○ ● **pārēre**, eō, uī, – 2.	gehorchen
○ ● **pars**, partis *f.* māgnā ex parte	Teil, Seite; Partei zum großen Teil
○ ● **parvus**, a, um (minor, us; minimus, a, um; 5.5)	klein
○ **passus**, ūs *m.* mīlle passuum	Schritt eine (römische) Meile *(ca. 1,5 km)*
○ ● **pater**, patris *m.* patrēs cōnscrīptī	1. Vater; 2. *(Pl. auch:)* Senatoren Senatoren *(offizielle Anrede; vgl. S. 120)*
○ ● **patī**, ior, passus sum 3*m.*	ertragen, erdulden, zulassen
● **patria**, ae *f.*	Heimat, Vaterland
○ ● **paucī**, ae, a *(meist Pl.)*	wenige
○ ● **paulō/paulum** *(Adv.)*	ein wenig
○ ● **pāx**, pācis *f.*	Friede
○ **pellere**, ō, pepulī, pulsum 3.	stoßen, schlagen
○ ● **per** *(Präp. m. Akk.)* per deōs (immortāles)!	durch (… hindurch) bei den (unsterblichen) Göttern!
○ **perferre**, ferō, tulī, lātum *Va.*	hintragen, überbringen
○ ● **perficere**, iō, fēcī, fectum 3*m.*	vollenden, zustande bringen
○ ● **perīculum**, ī *n.* perīculum subīre	Gefahr sich einer Gefahr aussetzen
● **permittere**, ō, mīsī, missum 3.	überlassen; zugestehen, zulassen
○ **persuādēre**, eō, suāsī, suāsum 2. *(m. Dat.)*	(jemanden) überreden, überzeugen
○ ● **pervenīre**, iō, vēnī, ventum 4.	hinkommen, gelangen
○ **pēs**, pedis *m.*	Fuß
○ ● **petere**, ō, tīvī, tītum 3.	(„haben wollen“:) 1. erstreben; 2. (er-)bitten; 3. angreifen
○ ● **poena**, ae *f.* poenās solvere	Strafe, Buße büßen
○ ● **pollicērī**, eor, licitus sum 2.	versprechen
○ ● **pōnere**, ō, posuī, positum 3.	setzen, stellen, legen
○ ● **populus**, ī *m.*	Volk
○ ● **portus**, ūs *m.*	Hafen
○ ● **posse**, possum, potuī, – *Va.* (9.3)	können, vermögen, Macht haben
○ ● **post** *(Präp. m. Akk.)*	nach; hinter

○ ● **post/posteā** *(Adv.)*	später, danach
○ **postquam** *(Konjn. m. Perfekt)*	nachdem *(m. Plusquamperfekt)*
● **postrēmō** *(Adv.)* prīmum/-ō … deinde … postrēmō	zuletzt, schließlich zuerst … dann … schließlich
○ **potēns**, tentis	mächtig, einflussreich
● **potius** *(Adv.)*	vielmehr, eher, lieber
○ **praeesse**, sum, fuī, – *Va. (m. Dat.)*	an der Spitze (von etwas) stehen, (etwas) anführen/leiten
○ ● **praesidium**, ī *n.*	Schutz; Schutztruppe, Besatzung
○ ● **praeter** *(Präp. m. Akk.)*	1. an … vorbei; 2. außer
● **praetor**, ōris *m.*	Prätor [vgl. S. 119 f.]
○ **premere**, ō, pressī, pressum 3.	drücken; bedrängen
○ ● **prīmum/prīmō** *(Adv.)* prīmum/-ō … deinde … postrēmō	zuerst, anfangs zuerst … dann … schließlich
○ ● **prīmus**, a, um	der erste
○ ● **prīnceps**, cipis prīnceps, cipis *m.*	führend Anführer; Prinzeps (= *Augustus, vgl. S. 107 f.)*
● **prīvātus**, a, um prīvatus, ī *m.*	privat, persönlich Privatmann
○ ● **prō** *(Präp. m. Abl.)*	1. *(räumlich:)* vor; 2. *(übertragener Sinn:* freundlich) für, anstatt
○ **proelium**, ī *n.* proelium committere	Gefecht, Kampf den Kampf beginnen
○ ● **proficīscī**, or, fectus sum 3.	aufbrechen, abreisen
○ ● **prohibēre**, eō, buī, bitum 2.	fernhalten, (be-)hindern
○ ● **prope** *(Adv.)* prope *(Präp. m. Akk.)*	in der Nähe; fast in der Nähe (von …)
○ ● **propter** *(Präp. m. Akk.)*	wegen
○ ● **prōvincia**, ae *f.*	Provinz [vgl. S. 125]
○ ● **pūblicus**, a, um rēs pūblica	öffentlich Staat; Republik
● **puer**, puerī *m.*	1. Junge; 2. Sklave
○ ● **pūgnāre** 1.	kämpfen
○ ● **putāre** 1.	glauben, meinen, halten für
○ ● **quaerere**, ō, quaesīvī, sītum 3. quaerere ex *(m. Abl.)* quaesō	suchen, fragen (jemanden) fragen bitte
○ ● **quam** *(Adv.)*	1. wie; 2. *(m. Superlativ:)* möglichst

● **quamquam** *(Konjn.)*	obwohl
○ ● **quantum/quantō** *(Adv.)*	(um) wie viel
● **quantus**, a, um	wie groß
○ ● **quārē** *(Adv.)*	1. deshalb; 2. *(in Fragen:)* weshalb
○ ● **-que** *(angehängte Konjn.)*	und
○ ● **quī**, quae, quod (6.10)	*(Relativpronomen:)* der, welcher
● **quīdam**, quaedam, quid-/quoddam (6.8; 6.9, b)	ein gewisser
○ ● **quidem** *(Adv.)*	sicherlich, jedenfalls
nē … quidem	nicht einmal …
○ ● **quīn** *(Konjn.)*	*(im Nebensatz nach verneinten Ausdrücken des Zweifelns:)* dass
○ ● **quis**, quid (6.7)	wer, was
○ ● **quisquam**, quid-/quicquam (6.8)	irgendjemand, irgendetwas
○ ● **quisque**, quaeque, quid-/quodque (6.8)	jeder, alles
○ ● **quod** *(Konjn.)*	1. da, weil; 2. (die Tatsache,) dass
● **quoque** *(nachgestellte Konjn.)*	auch
○ ● **ratiō**, ōnis *f.*	1. Berechnung; 2. Art und Weise; 3. Vernunft
○ ● **recipere**, iō, cēpī, ceptum *3m.*	zurücknehmen
sē recipere	sich zurückziehen
● **reddere**, ō, didī, ditum 3.	1. zurückgeben; 2. machen (zu)
mare īnfēstum reddere	das Meer unsicher machen
○ ● **redīre**, eō, iī, itum *Va.*	zurückkehren
○ ● **referre**, ferō, rettulī, relātum *Va.*	1. zurückbringen; 2. melden
○ ● **rēgnum**, ī *n.*	1. (Königs-)Herrschaft; 2. Königreich
● **religiō**, ōnis *f.*	1. kultische Verehrung; 2. Religion
○ ● **relinquere**, ō, līquī, lictum 3.	zurücklassen
○ ● **réliquus**, a, um	1. übrig; 2. *(Pl.:)* die übrigen (Leute)
reliquum est, ut …	es bleibt noch übrig/steht noch aus, dass …
○ ● **reperīre**, iō, repperī, repertum 4.	1. finden; 2. erfahren
○ ● **rēs**, reī *f.*	Sache, Ding, Angelegenheit
mihi est rēs cum …	ich habe mit … zu tun
○ ● **rēs pūblica**, reī pūblicae *f.*	1. Staat; 2. Republik
○ ● **rēx**, rēgis *m.*	König
● **rogāre** 1.	fragen; bitten

● **Rōma**, ae *f.*	Rom
Rōmae	in Rom
Rōmam	nach Rom
Rōmā	von Rom (weg)
○ ● **Rōmānus**, a, um	römisch
Rōmānus, ī *m.*	Römer
○ **rūrsus/-um** *(Adv.)*	1. wieder; 2. rückwärts
● **sacer**, cra, crum	heilig
● **sacrum**, ī *n.*	1. Heiligtum; 2. *(Pl.:)* Zeremonien, Opferhandlungen
○ ● **saepe** *(Adv.)*	oft
○ ● **satis** *(Adv.)*	genug
● **scelus**, sceleris *n.*	Verbrechen, Frevel
○ ● **scīre** 4.	wissen
○ ● **sē** (suī, sibi, sē/sēsē; 6.2; 6.4)	*(reflexives Personalpronomen:)* sich
○ **secundus**, a, um	1. der zweite; 2. glücklich
rēs secundae	Glück
○ ● **sed** *(Konjn.)*	aber; sondern
● **semper** *(Adv.)*	immer
○ ● **senātus**, ūs *m.*	Senat [vgl. S. 120]
○ ● **sentīre**, iō, sēnsī, sēnsum 4.	fühlen
○ ● **sequī**, or, secūtus sum 3. *(m. Akk.)*	(jemandem) folgen
○ ● **sī** *(Konjn.)*	wenn
○ ● **sīc** *(Adv.)*	so, derart
○ ● **sīgnum**, ī *n.*	1. Zeichen; 2. Feldzeichen; 3. Götterbild, Statue
○ ● **simul** *(Adv.)*	zugleich
simul *(Konjn. m. Perf.)*	sobald
simulatque/simulac	sobald als
○ ● **sine** *(Präp. m. Abl.)*	ohne
● **sīve** … **sīve** / **seu** … **seu**	sei es, dass … oder dass …
● **solēre**, eō, solitus sum 2. (8.6)	pflegen, gewohnt sein
solēre *(m. Infinitiv)*	für gewöhnlich (etwas tun)
○ ● **spērāre** 1.	1. hoffen, erwarten; 2. *(bei schlimmen Dingen:)* (be-)fürchten
○ ● **spēs**, eī *f.*	Hoffnung, Erwartung
● **sponte** *(indeklinabel)*	nach (jemandes) Willen
suā sponte	von selbst; freiwillig
○ ● **statuere**, ō, tuī, tūtum 3.	festsetzen, beschließen

○ ● **studium**, ī *n.*	1. Eifer, Streben; 2. Studium
○ ● **subīre**, eō, iī, itum *Va.*	auf sich nehmen
perīculum subīre	sich einer Gefahr aussetzen
○ ● **summus**, a, um	der oberste, höchste
summō in monte	oben auf dem Berg
○ ● **superāre** 1.	1. überragen, übertreffen; 2. überwinden, besiegen
○ ● **superior**, ius	1. der obere, höhere; 2. früher, ehemalig
○ ● **supplicium**, ī *n.*	Strafe, Todesstrafe
○ ● **sustinēre**, eō, tinuī, – 2.	halten; aushalten, ertragen
○ ● **suus**, a, um (6.2; 6.4)	(*reflexives Possessivpronomen:*) sein, ihr
● **tālis**, e	so beschaffen, derartig
○ ● **tam** (*Adv.*)	so
○ ● **tamen** (*Adv.*)	dennoch
○ ● **tantō** (*Adv.*)	(um) so viel; desto
○ ● **tantum** (*Adv.*)	nur
○ ● **tantus**, a, um	so groß, so viel
○ ● **tēlum**, ī *n.*	(„Wurfwaffe“:) Geschoss, Speer
● **templum**, ī *n.*	Tempel, heiliger Bezirk
○ ● **tempus**, temporis *n.*	1. Zeit; 2. Lage, Umstände
○ ● **tenēre**, eō, nuī, tentum 2.	halten, festhalten
○ ● **terra**, ae *f.*	Erde, Land
orbis terrae/terrārum	die Welt
terrā marīque	zu Lande und zu Wasser
○ **tertius**, a, um	der dritte
○ ● **timēre**, eō, muī, – 2.	(sich) fürchten
timeō, nē … (25.5)	ich fürchte, dass …
○ ● **timor**, ōris *m.*	Furcht, Angst
○ ● **tollere**, tollō, sustulī, sublātum 3./*Va.* (9.7)	1. aufheben; 2. beseitigen
● **tot** (*indeklinabel*)	so viele
○ ● **tōtus**, a, um (6.11)	ganz
○ ● **trādere**, ō, didī, ditum 3.	übergeben, überliefern
○ **trānsīre**, eō, iī, itum *Va.*	hinübergehen, überqueren
○ ● **trēs**, tria (14)	drei
● **tū** (tuī, tibi, tē; 6.2)	du
○ ● **tum** (*Adv.*)	dann, darauf; damals
cum … tum	zwar … besonders aber

○ **tūtus**, a, um	sicher
○ ● **tuus**, a, um (6.2)	dein
○ ● **ubi** (*Adv.*)	wo
○ ● **ubi** (*Konjn. m. Perfekt*)	sobald (*m. Plusquamperfekt*)
○ ● **ūllus**, a, um (6.11)	irgendein
● **umquam** (*Adv.*)	irgendwann, jemals
○ **undique** (*Adv.*)	woher auch immer, von allen Seiten
○ ● **ūnus**, a, um (6.11; 14)	einer
● **urbs**, urbis *f.*	Stadt
● **ūsque** (*Adv.*)	bis
ūsque ad	bis zu/nach
○ ● **ūsus**, ūs *m.*	1. Gebrauch; 2. Übung, Erfahrung
ūsus bellī	Kriegs-/Kampferfahrung
○ ● **ut/utī** (*Adv.; Konjn. m. Ind.*)	wie
○ ● **ut/utī** (*Konjn. m. Konj.*; 11.3)	1. (*final:*) dass, damit, um … zu (*Verneinung:* nē); 2. (*konsekutiv:*) dass, sodass (*Verneinung:* ut nōn); 3. (*konzessiv:*) wenn auch
○ ● **uterque**, útraque, utrumque (*wie* uter, 6.11; *m. Singular!*)	beide
uterque cōnsul	beide Konsuln
○ ● **ūtī**, or, ūsus sum 3. (*m. Abl.-Obj.*)	gebrauchen, benutzen
hōc cōnsiliō ūtī	diesen Plan umsetzen
○ ● **valēre**, eō, luī, – 2.	1. gesund/stark sein; 2. Einfluss haben
● **vel** (*Konjn.*)	oder (auch)
vel … vel	entweder … oder (auch)
○ ● **velle**, volō, voluī, – *Va.* (9.8)	wollen
○ ● **venīre**, io, vēnī, ventum 4.	kommen
● **verbum**, ī *n.*	Wort; Spruch
○ ● **vērō/vērum** (*Adv.*)	1. in der Tat, wirklich; 2. aber
nōn sōlum/modo … sed/vērum etiam	nicht nur … sondern auch
● **vērus**, a, um	wirklich, wahr, echt
● **vester**, tra, trum (6.2)	euer
○ ● **vetus**, veteris (5.1)	alt
○ ● **via**, ae *f.*	Straße, Weg
○ ● **victōria**, ae *f.*	Sieg
○ ● **vidēre**, eō, vīdī, vīsum 2.	sehen
○ ● **vidērī** (*Passiv von* vidēre)	1. gesehen werden; 2. scheinen

○ ● **vincere**, ō, vīcī, victum 3.	siegen, besiegen
● **vir**, virī *m.*	Mann
○ ● **virtūs**, tūtis *f.*	Tüchtigkeit, Tapferkeit, Tugend
○ ● **vīs** (vim, vī; *Pl.*: vīrēs, ium) *f.*	1. Kraft, Gewalt; 2. Menge
○ ● **vīta**, ae *f.*	Leben
● **vīvere**, ō, vīxī, (vīctūrus) 3.	leben
○ ● **vix** *(Adv.)*	kaum
● **vocāre** *1.*	rufen, nennen
● **vōs** (vestrī/vestrum, vōbīs; 6.2; 6.3, b)	ihr
○ ● **vōx**, vōcis *f.*	Stimme, Spruch

2 Römische Namen

Römische **Männernamen** bestanden gewöhnlich aus drei Teilen: Vorname *(praenomen)*, Familienname *(nomen gentile)* und Beiname *(cognomen)*.
Es gab nur sehr wenige Vornamen; sie wurden beim Schreiben gewöhnlich abgekürzt. Die häufigsten sind in der folgenden Liste zu finden:

A.	Aulus	D.	Decimus	P.	Pūblius	Sp.	Spurius
C.	Gāius	L.	Lūcius	Q.	Quīntus	T.	Titus
Cn.	Gnaeus	M.	Mārcus	Sex.	Sextus	Tib.	Tiberius

Man schreibt also *M. Tullius Cicero* oder *C. Iulius Caesar.* Der Familienname wurde vom Vater ererbt und dann auch an die eigenen Kinder weitergegeben. Der Beiname bezog sich oft auf Eigenschaften der jeweiligen Person, z. B. *Probus* – der Rechtschaffene, *Crassus* – der Dicke/Reiche, *Rufus* – der Rothaarige. Ein Sohn konnte den Beinamen des Vaters übernehmen, hatte aber auch die Möglichkeit, ihn abzulegen und sich einen eigenen zu wählen.

Frauen hatten nur einteilige Namen, die gebildet wurden, indem man aus dem Familiennamen des Vaters ein Femininum machte; die Tochter Ciceros hieß demnach *Tullia,* die Caesars *Iulia.* Gab es in der Familie mehrere Töchter, wurde zur Unterscheidung beispielsweise ein *Maior* (die Ältere) oder *Tertia* (die Dritte) hinzugesetzt. Frauen behielten ihren Namen auch nach der Hochzeit bei.

Grammatik

1 Wortarten

Die Wörter der lateinischen Sprache sind in ihrer Form entweder veränderlich (flektierbar) oder unveränderlich (nicht flektierbar).

Flektierbare Wortarten sind:
- das **Nomen** (Pl.: die Nomina), dessen Flexion als **Deklination** bezeichnet wird. Dazu zählen das **Substantiv** (z. B. Tür, Liebe, Marcus), das **Adjektiv** (z. B. groß, grün, schön), die **Pronomina** (z. B. er, dieser, wer, mein) sowie – im Deutschen – der **Artikel** (z. B. der, ein);
- das **Verb**, dessen Flexion als **Konjugation** bezeichnet wird (z. B. laufen, können, sein).

Nicht flektierbare Wortarten sind: die **Präposition** (z. B. mit, für), die **Konjunktion** (z. B. und, wenn), das **Adverb** (Pl.: die Adverbien; z. B. hier, heute, deshalb) sowie die **Interjektion** (z. B. ach, pfui!).

Das **Numerale** (Pl.: die Numeralien) hat eine Sonderstellung, da einige Formen dekliniert werden können (z. B. erster), es aber auch nicht flektierbare Formen gibt (z. B. neun, zehnmal).

2 Grammatische Kategorien der flektierbaren Wortarten

2.1 Kategorien der Nomina

Die Form eines lateinischen Nomens kann in Hinsicht auf seinen **Kasus** (Pl.: die Kasūs), seinen **Numerus** (Pl.: die Numeri) und sein **Genus** (Pl.: die Genera) bestimmt werden.

Beispiel
amicum = Akk. Sg. m. von *amicus* – den Freund
bonīs = Dat./Abl. Pl. m./f./n. von *bonus* – (von) den guten
quōrum = Gen. Pl. m./n. von *qui* – deren

Es gibt im Lateinischen

- sechs **Kasus:** Nominativ (Wer oder was?), Genitiv (Wessen?), Dativ (Wem?), Akkusativ (Wen oder was?), Ablativ (Womit?, Woher?, Wo?, Wann?, …) und Vokativ (Kasus der Anrede);
- zwei **Numeri:** Singular (Sg., Einzahl) und Plural (Pl., Mehrzahl);
- drei **Genera:** Maskulinum (*m.*, männlich), Femininum (*f.*, weiblich) und Neutrum (*n.*, sächlich).

Die Information über Kasus, Numerus und – weitgehend – auch Genus einer bestimmten Form eines Nomens kann man seinem Wortausgang entnehmen: Latein ist eine „endungslastige" Sprache.

2.2 Kategorien des Verbs

Die Form eines lateinisches Verbs kann in Hinsicht auf seine **Person**, seinen **Numerus** (Pl.: die Numeri), seinen **Modus** (Pl.: die Modi), sein **Tempus** (Pl.: die Tempora) und sein **Genus verbi** (Pl.: die Genera verbi) bestimmt werden.

Beispiel

amavit = 3. Pers. Sg. Ind. Perf. Akt. von *amare* – er hat geliebt
audiamini = 2. Pers. Pl. Konj. Präs. Pass. von *audire* – ihr sollt gehört werden
laudata est = 3. Pers. Sg. Ind. Perf. Pass. (f.) von *laudare* – sie ist gelobt worden

Es gibt im Lateinischen

- drei **Personen:** 1., 2. und 3. Person;
- zwei **Numeri:** Singular (Sg., Einzahl) und Plural (Pl., Mehrzahl);
- drei **Modi:** Indikativ (Wirklichkeitsform), Konjunktiv („Möglichkeitsform"/Unwirklichkeitsform) und Imperativ (Befehlsform);
- sechs **Tempora:** Präsens (Gegenwart), Imperfekt (Vergangenheit; entspricht in etwa dem deutschen Präteritum), Futur I (Zukunft), Perfekt (vollendete Gegenwart: bin/habe + Partizip II), Plusquamperfekt (vollendete Vergangenheit: war/hatte + Partizip II) und Futur II (vollendete Zukunft: werde + Partizip II + haben/sein);
- zwei **Genera verbi:** Aktiv (Tatform) und Passiv („Leideform").

3 Grundlagen der Formenbildung der Nomina

3.1 Allgemeines

Flektierbare Wörter bestehen stets aus einem unveränderlichen **Wortstamm** und einer veränderlichen **Endung**. Meist ist jedoch der letzte Laut des Stammes mit dem ersten Laut der Endung derart verschmolzen, dass man den Stamm nicht mehr ohne Weiteres klar abtrennen kann. Aus lerntechnischen Gründen ist es deshalb vorteilhafter, den Teil des Wortes, der sich nie ändert (den „Wortstock"), von dem veränderlichen Teil des Wortes (dem „Wortausgang") zu unterscheiden.

3.2 Deklinationsklassen

Lateinische Substantive werden zu **fünf Haupt-Deklinationsklassen** zusammengefasst, denen man auch die Deklination der Adjektive und z. T. die der Pronomina zuordnen kann. Die Substantive einer Klasse werden jeweils nach demselben Schema dekliniert. Den Ausschlag für die Zuordnung zu einer der fünf Klassen bildet der Auslaut des Wortstammes, den man am besten erkennen kann, wenn man von der Genitiv-Plural-Form das **„-um"** bzw. (sofern vorhanden) **„-rum"** wegstreicht.

Deklinationsklasse	Beispiel	Gen. Sg.	Gen. Pl.	Wortstamm
1. **a**-Deklination	insula	insul-**ae**	insulā**rum**	insul**a**…
2. **o**-Deklination	servus	serv-**ī**	servō**rum**	serv**o**…
3. **konsonantische** Dekl.	rex	reg-**is**	reg**um**	re**g**…
4. **u**-Deklination	exercitus	exercit-**ūs**	exercitu**um**	exercit**u**…
5. **e**-Deklination	res	r-**eī**	rē**rum**	r**e**…

Da jede der Klassen einen eindeutigen Genitiv-Singular-Ausgang hat, kann man jedes Substantiv anhand dieser Form sicher seiner Klasse zuordnen.

4 Deklination der Substantive

4.1 Genus der Substantive

Das Genus eines Substantivs kann „natürlich" oder „grammatisch" bestimmt sein. Das grammatische Genus ergibt sich aus der Zugehörigkeit zu einer Deklinationsklasse, z. B. sind die Substantive der a-Deklination in aller Regel Feminina (vgl. Kap. 4.3). Das natürliche Genus wiegt jedoch stets schwerer als das grammatische.

- Von Natur aus Maskulina sind männliche Personen, Flüsse und Winde.
- Von Natur aus Feminina sind weibliche Personen und Bäume.
- Von Natur aus Neutra sind alle unveränderlichen Substantive, z. B. *fas*.
- Der Plural des Neutrums dient im Lateinischen oft zur Bezeichnung abstrakter Dinge.

Beispiel *cuncta/multa audivi* – ich habe alles/viel(-es) gehört
ea, quae … – das, was …

4.2 Allgemeine Regeln für die Deklination

Neutraregeln

- Bei allen Neutra stimmen Nominativ und Akkusativ in der Form überein.
- Alle Neutra enden im Nominativ und Akkusativ Plural auf **-a**.

Sonstige Regeln

- Bei allen Nomina stimmen die Formen des Dativs und Ablativs im Plural überein.
- Alle Maskulina und Feminina haben im Akkusativ Singular den Endlaut **-m** und im Akkusativ Plural den Endlaut **-s**.
- Der Vokativ stimmt bei allen Nomina mit dem Nominativ überein.

Ausnahme: Bei den maskulinen Substantiven der o-Deklination gibt es eigene Formen für den Vokativ: Endet das Substantiv im Nominativ auf -us, so lautet sein Vokativ auf **-e** (z. B. *servus* – *serve!*); Eigennamen auf -ius bilden den Vokativ auf **-ī** (z. B. *Lucius* – *Lucī!*), ebenso heißt es stets *mī filī!* (von *meus filius*).

4.3 Systematische Übersicht der Formen der Substantive

	1. a-Dekl.	2. o-Deklination		3a. konsonantische Dekl.	
Genus	*f.*	*m.*	*n.*	*m./f.*	*n.*
	Singular				
Nom.	insul-a	serv-us	for-um	labor	nomen
Gen.	insul-ae	serv-ī	for-ī	labor-is	nomin-is
Dat.	insul-ae	serv-ō	for-ō	labor-ī	nomin-ī
Akk.	insul-am	serv-um	for-um	labor-em	nomen
Abl.	insul-ā	serv-ō	for-ō	labor-e	nomin-e
	Plural				
Nom.	insul-ae	serv-ī	for-a	labor-ēs	nomin-a
Gen.	insul-ārum	serv-ōrum	for-ōrum	labor-um	nomin-um
Dat.	insul-īs	serv-īs	for-īs	labor-ibus	nomin-ibus
Akk.	insul-ās	serv-ōs	for-a	labor-ēs	nomin-a
Abl.	insul-īs	serv-īs	for-īs	labor-ibus	nomin-ibus
	Männer sind *m.: incola*	*m.* auf -(e)r: *vir, puer*			

	3b. gem. Dekl.	3c. i-Dekl.	4. u-Deklination		5. e-Deklination
Genus	*m./f.*	*m.*	*n.*	*m./f.*	*n.*
	Singular				
Nom.	urbs	mare (*n.*)	exercit-us	corn-ū	r-ēs
Gen.	urb-is	mar-is	exercit-ūs	corn-ūs	r-eī
Dat.	urb-ī	mar-ī	exercit-uī	corn-uī/-ū	r-eī
Akk.	urb-em	mare	exercit-um	corn-ū	r-em
Abl.	urb-e	mar-ī (!)	exercit-ū	corn-ū	r-ē
	Plural				
Nom.	urb-ēs	mar-ia (!)	exercit-ūs	corn-ua	r-ēs
Gen.	urb-ium (!)	mar-ium (!)	exercit-uum	corn-uum	r-ērum
Dat.	urb-ibus	mar-ibus	exercit-ibus	corn-ibus	r-ēbus
Akk.	urb-ēs	mar-ia (!)	exercit-ūs	corn-ua	r-ēs
Abl.	urb-ibus	mar-ibus	exercit-ibus	corn-ibus	r-ēbus
			f. sind z. B. *domus, manus*		*m.* ist *dies* (Tag)

4.4 Besonderheiten im Numerus

Manche Substantive haben **nur Pluralformen** (Pluraletantum, Pl.: Pluraliatantum) oder weisen im Plural Bedeutungsabweichungen zum Singular auf.

Beispiel *arma, orum* n. – Waffen
castra, orum n. – Lager
finis, is m. – Grenze ↔ *fines, ium* m. – Gebiet
copia, ae f. – Menge, Vorrat ↔ *copiae, arum* f. – Truppen
ops, opis f. – Kraft, Hilfe ↔ *opes, um* f. – Vermögen, Truppen

5 Deklination der Adjektive

5.1 Zugehörigkeit der Adjektive zu den Deklinationsklassen

Lateinische Adjektive werden entweder nach dem Muster der **a-/o-Deklination** oder aber nach dem der **i-Deklination** flektiert.
Ausnahme: Fünf Adjektive folgen der **konsonantischen Deklination:**
vetus, veteris – alt
dives, divitis – reich
pauper, pauperis – arm
particeps, participis – teilhaftig
princeps, principis – führend

Die zur **a-/o-Deklination** gehörigen Adjektive enden im Nom. Sg. auf **-us**, -a, **-um**

Beispiel *magnus, magna, magnum*

Die Adjektive der **i-Deklination** haben im Nom. Sg. entweder

- für jedes Genus eine eigene Form (**„dreiendige Adjektive“**),
  Beispiel *celer, celeris, celere*
- für das Maskulinum und das Femininum eine gemeinsame Form, die von der des Neutrums abweicht (**„zweiendige Adjektive“**),
  Beispiel *fortis, fortis, forte*
- eine Form, die für alle drei Genera gilt (**„einendige Adjektive“**),
  Beispiel *felix*, Gen.: *felicis*

5.2 Deklinationsübersicht der Adjektive

Genus	a-/o-Deklination			i-Deklination		konsonantische Dekl.	
	m.	f.	m.	m./f.	n.	m./f.	n.
	Singular						
Nom.	magnus	magna	magnum	fortis	forte	vetus	vetus
Gen.	magnī	magnae	magnī	fortis	fortis	veteris	veteris
Dat.	magnō	magnae	magnō	fortī	fortī	veterī	veterī
Akk.	magnum	magnam	magnum	fortem	forte	veterem	vetus
Abl.	magnō	magnā	magnō	fortī	fortī	vetere	vetere
	Plural						
Nom.	magnī	magnae	magna	fortēs	fortia	veterēs	vetera
Gen.	magnōrum	magnārum	magnōrum	fortium	fortium	veterum	veterum
Dat.	magnīs	magnīs	magnīs	fortibus	fortibus	veteribus	veteribus
Akk.	magnōs	magnās	magna	fortēs	fortia	veterēs	vetera
Abl.	magnīs	magnīs	magnīs	fortibus	fortibus	veteribus	veteribus

Adjektive der a-/o-Dekl. auf -(e)r haben das -us des Nom. Sg. *m.* verloren, z. B. *miser* oder *pulcher.*

5.3 Komparation der Adjektive

Bei der Komparation (Steigerung) unterscheidet man drei Stufen: **Positiv** (Grundstufe; z. B. groß, gut), **Komparativ** (Vergleichsstufe; z. B. größer, besser) und **Superlativ** (Höchststufe; z. B. am größten, am besten).

Im Lateinischen können Komparativ und Superlativ auch gebraucht werden, ohne dass tatsächlich zwei Dinge miteinander verglichen werden:

- Der **Komparativ** ohne echten Vergleich kennzeichnet eine recht hohe (mitunter auch allzu hohe) Stufe; man übersetzt z. B. mit „recht", „ziemlich" oder „allzu".

Beispiel *Cicero divitior fuit.* – Cicero war ziemlich reich.

- Den **Superlativ** ohne echten Vergleich (sog. **Elativ**) kann man mit „sehr" oder „äußerst" oder mit Hilfe eines zusammengesetzten Adjektivs wiedergeben.

Beispiel *urbs antiquissima* – eine sehr alte (uralte) Stadt

5.4 Regelmäßige Komparation

Für die Komparation ist es unerheblich, welcher der Deklinationsklassen (Kap. 5.1) ein Adjektiv angehört, denn man benötigt lediglich seinen Wortstock.

Beispiel *long-(us); fort-(is)*

An den Wortstock des Adjektivs wird im Komparativ **-ior** *(m./f.)* bzw. **-ius** *(n.)*, im Superlativ **-issimus**, **a**, **um** angefügt.

Beispiel *long-ior, long-ius; fort-ior, fort-ius*
long-issimus, a, um; fort-issimus, a, um

Komparative werden wie Adjektive nach der konsonantischen Deklination dekliniert (vgl. Kap. 5.2, *vetus*); Superlative wie Adjektive nach der a-/o-Deklination (vgl. Kap. 5.2, *magnus*).

Besonderheiten:

a) Adjektive auf **-(e)r** bilden den Superlativ auf **-errimus**, **a**, **um**.
Beispiel *miser – miserrimus, acer – acerrimus*

b) Fünf Adjektive auf **-ilis** bilden den Superlativ auf **-illimus**, **a**, **um**, nämlich *facilis* (leicht), *difficilis* (schwer), *similis* (ähnlich), *dissimilis* (unähnlich), *humilis* (niedrig).

c) Adjektive, deren Wortstock auf einen **Vokal** endet, erhalten keine neuen Endungen, sondern bilden den Komparativ durch vorangestelltes **magis** *(mehr)*, den Superlativ durch vorangestelltes **maximē** *(am meisten)*.
Beispiel *ardu-(us, a, um)* (steil) – *magis arduus – maximē arduus*
idone-(us, a, um) (geeignet) – *magis idoneus – maximē idoneus*

5.5 Komparation mit Stammwechsel („unregelmäßige Komparation")

Die in der folgenden Tabelle aufgelisteten Adjektive bilden ihre Komparationsformen nicht nach dem in Kap. 5.4 vorgestellten regelmäßigen Muster, sondern wechseln in den einzelnen Stufen (z. T. mehrmals) ihren Stamm. Die Deklination der Formen erfolgt jedoch nach dem „normalen" Schema, also nach der konsonantischen Deklination beim Komparativ (vgl. Kap. 5.2, *vetus*) bzw. nach der a-/o-Deklination beim Superlativ (vgl. Kap. 5.2, *magnus*).

	Positiv	Komparativ	Superlativ
gut *schlecht*	bonus, a, um malus, a, um	melior, ius pēior, ius	optimus, a, um pessimus, a, um
groß *klein*	māgnus, a, um parvus, a, um	māior, ius minor, us	maximus, a, um minimus, a, um
viel (Grad, Menge)	multum	plūs	plūrimum
viele (Anzahl)	multī	plūrēs, a (*Gen.:* ium)	plūrimī, ae, a (*oder:*) plērīque, aeque, aque

Zur Konstruktion des Vergleichs vgl. Kap. 22.2 (Ablativus comparationis). Zur Bildung von Adverbien aus Adjektiven und zu deren Komparation vgl. Kap. 12.

6 Deklination der Pronomina

6.1 Arten von Pronomina

Es gibt im Lateinischen – wie im Deutschen – sechs Arten von Pronomina: **Personalpronomen** (z. B. ich, du, er), **Possessivpronomen** (besitzanzeigend; z. B. mein, dein, sein), **Demonstrativpronomen** (hinweisend; z. B. dieser, derjenige), **Interrogativpronomen** (fragend; z. B. wer?, welcher?), **Indefinitpronomen** (unbestimmt; z. B. irgendwer, jeder) und **Relativpronomen** (z. B. der, welcher).

6.2 Formen des Personal- und des Possessivpronomens

	Personalpronomen			Possessivpronomen		
	1. Person	2. Person	3. Person (reflexiv)	1. Person	2. Person	3. Person (reflexiv)
	Singular					
Nom.	ego *(ich)*	tū *(du)*	–	meus, a, um	tuus, a, um	suus, a, um
Gen.	meī	tuī	suī			
Dat.	mihi	tibi	sibi	*(wie Adjektive nach der a-/o-Dekl., vgl. Kap. 5.2,* magnus)		
Akk.	mē	tē	sē/sēsē			
Abl.	mē(cum)	tē(cum)	sē(cum)			
	Plural					
Nom.	nōs *(wir)*	vōs *(ihr)*	–	noster, tra, trum	vester, tra, trum	suus, a, um
Gen.	nostrī/nostrum	vestrī/vestrum	suī			
Dat.	nōbīs	vōbīs	sibi	*(wie Adjektive nach der a-/o-Dekl., vgl. Kap. 5.2,* magnus)		
Akk.	nōs	vōs	sē/sēsē			
Abl.	nōbīs(cum)	vōbīs(cum)	sē(cum)			

6.3 Zur Verwendung des Personal- und des Possessivpronomens

a) Als Subjekt (d. h. im Nominativ) wird das Personalpronomen nur verwendet, wenn es hervorgehoben werden soll. Ebenso wird das Possessivpronomen nicht eigens erwähnt, wenn „naturgegebene" oder selbstverständliche Bezüge vorliegen.

Beispiel *Cicero filium laudat.* – Cicero lobt seinen (= den eigenen) Sohn.

b) Im **Gen. Pl.** besitzt das Personalpronomen zwei verschiedene Formen:

- für die Verwendung als **Objekt** (vgl. Kap. 19.4),

  Beispiel *meminisse nostri* – sich unser erinnern
  amor vestri – die Liebe zu euch
- für die Verwendung als **Genitivus partitivus** (vgl. Kap. 19.3).

  Beispiel *multi nostrum* – viele von uns

c) Es gibt kein eigentliches Personalpronomen der 3. Person. Dessen oblique Kasus (also Genitiv bis Ablativ) werden durch die entsprechenden Formen des Demonstrativpronomens *is, ea, id* (vgl. Kap. 6.5) ersetzt.

6.4 Die reflexiven Pronomina

a) Wie im Deutschen gibt es in der 1. und 2. Person keine eigenen reflexiven (d. h. aufs Subjekt zurückbezogenen) Personalpronomina. An ihre Stelle treten die obliquen Kasus (also Genitiv bis Ablativ) des nicht-reflexiven Pronomens.

Beispiel ich rette mich – *(ego) me servo*

Für die 3. Person (die im Lateinischen kein nicht-reflexives Pronomen besitzt, vgl. Kap. 6.3, c) existiert ein eigenes **reflexives Personalpronomen**.

Beispiel er rettet sich – *se servat*

b) Das **reflexive Possessivpronomen** wird gebraucht, wenn damit die Zugehörigkeit zum Subjekt des Satzes ausgedrückt werden soll. Zielt der Bezug auf ein anderes Satzglied als das Subjekt, so steht stattdessen der Genitiv des Demonstrativpronomens *is, ea, id* (vgl. Kap. 6.5).

Beispiel Lucius sieht seine (eigene) Freundin. – *Lucius amicam suam videt.*
Lucius sieht seine (z. B. Marcus') Freundin. – *Lucius amicam eius videt.*

c) In aller Regel bezieht sich das reflexive Pronomen

- in selbstständigen Sätzen auf das Subjekt des Satzes,

  Beispiel *Varus se necavit.* – Varus tötete sich (selbst).

- in innerlich abhängigen Sätzen (vgl. Kap. 25.1) auf das Subjekt des übergeordneten Satzes,

Beispiel *Varus imperavit, ut servus se necaret.* – Varus befahl, dass der Sklave ihn (= Varus) töten solle.

- im AcI (vgl. Kap. 23.2) auf das Subjekt des AcI-auslösenden Satzes,

Beispiel *Varus iussit se necari.* – Varus befahl, dass er (selbst) getötet werde.

6.5 Formen der Demonstrativpronomina

	is, ea, id			hic, haec, hoc			ille, illa, illud		
	m.	*f.*	*n.*	*m.*	*f.*	*n.*	*m.*	*f.*	*n.*
	Singular								
Nom.	is	ea	id	hic	haec	hoc	ille	illa	illud
Gen.		ei**us**			hu**ius**			ill**īus**	
Dat.		eī			huic			illī	
Akk.	eum	eam	id	hunc	hanc	hoc	illum	illam	illud
Abl.	eō	eā	eō	hōc	hāc	hōc	illō	illā	illō
	Plural								
Nom.	iī/eī	eae	ea	hī	hae	haec	illī	illae	illa
Gen.	eōrum	eārum	eōrum	hōrum	hārum	hōrum	illōrum	illārum	illōrum
Dat.		iīs/eīs			hīs			illīs	
Akk.	eōs	eās	ea	hōs	hās	haec	illōs	illās	illa
Abl.		iīs/eīs			hīs			illīs	

Die Demonstrativpronomina **iste**, **ista**, **istud** (Kap. 6.6, c) sowie **ipse**, **ipsa**, **ipsum** (Kap. 6.6, e) werden nach dem Muster von *ille, illa, illud* dekliniert; **īdem**, **éadem**, **idem** (derselbe, dieselbe, dasselbe) wird wie *is, ea, id* dekliniert, wobei *m* vor *d* zu *n* wird, also: *eundem, eandem, eōrundem, eārundem.*

6.6 Zur Verwendung der Demonstrativpronomina

a) **Is**, **ea**, **id** (schwächstes Demonstrativpronomen) findet Verwendung

- zum Hinweis auf die dritte Person: **dieser**, **diese**, **dieses**; **der(jenige)**, **die(jenige)**, **das(jenige)**;
- in seinen obliquen Kasus (also Genitiv bis Ablativ) als Ersatz für das fehlende (nicht-reflexive) Personalpronomen der 3. Person (vgl. Kap. 6.3, c): **er**, **sie**, **es**;
- im Genitiv als nicht-reflexives Possessivpronomen der 3. Person (vgl. Kap. 6.4, b): **sein**, **ihr**; **ihre**.

b) **Hic**, **haec**, **hoc** verweist auf etwas in der Nähe des Sprechers („Demonstrativpronomen der 1. Person“): **dieser (hier)**, **diese (hier)**, **dieses (hier)**.

c) **Iste**, **ista**, **istud** verweist auf etwas in der Nähe des Angesprochenen („Demonstrativpronomen der 2. Person“), wobei mitunter ein verächtlicher Unterton mitschwingt: **dieser (da)**, **diese (da)**, **dieses (da)**.

d) **Ille**, **illa**, **illud** verweist auf etwas in der Nähe der dritten Person: **jener**, **jene**, **jenes**. Im nicht-räumlichen Sinne kann es auch einen bewundernden Unterton haben.

Beispiel *Socrates ille* – der berühmte Sokrates

e) **Ipse**, **ipsa**, **ipsum** („rückbezügliches Demonstrativpronomen“) wird im Deutschen nicht flektiert: **selbst**.

6.7 Interrogativpronomina

- **Substantivisches** Interrogativpronomen (wer? was?)

	m./f.	n.
Nom.	quis	quid
Gen.	cuius	
Dat.	cui	
Akk.	quem	quid
Abl.	quō(cum)	

- **Adjektivisches** Interrogativpronomen (welcher?, welche?, welches?)
  Das adjektivische Interrogativpronomen stimmt in seinen Formen mit dem Relativpronomen überein (vgl. Kap. 6.10).

6.8 Formen der Indefinitpronomina

Die Indefinitpronomina folgen in ihrer Deklination entweder dem substantivischen oder dem adjektivischen Interrogativpronomen (vgl. Kap. 6.7).

substantivisch	adjektivisch	
(ali-)quis, (ali-)quid	(ali-)quī, (ali-)qua, (ali-)quod	*irgendeiner, jemand*
quis-quam, quid-/quic-quam	ūllus, a, um (vgl. Kap. 6.11)	*irgendeiner, jemand*
quī-dam, quae-dam, quid-dam	quī-dam, quae-dam, quod-dam	*ein gewisser*
quis-que, quid-que	quis-que, quae-que, quod-que	*jeder (einzelne)*
quī-vīs, quae-vīs, quid-vīs	quī-vīs, quae-vīs, quod-vīs	*jeder (beliebige)*
quī-libet, quae-libet, quid-libet	quī-libet, quae-libet, quod-libet	*jeder (beliebige)*

6.9 Zur Verwendung der Indefinitpronomina

a) Wird der Satz mit *si, nisi, ne* oder *num* eingeleitet, entfällt das ali- von **aliquis** und **aliqui**.

> Merkspruch:
> Nach *si, nisi, ne* und *num* fällt das **ali**- um.

b) Steht **quidam** bei einem Adjektiv, hat es oft steigernde Wirkung.

Beispiel *singularis quaedam virtus* – eine ganz einzigartige Tapferkeit

Die Deklination von *quidam* entspricht der des Relativpronomens (vgl. Kap. 6.10), wobei jedoch *m* vor *d* zu *n* wird, also: *quendam, quandam, quōrundam, quārundam.*

6.10 Relativpronomen

	Singular			Plural		
	m.	*f.*	*n.*	*m.*	*f.*	*n.*
Nom.	quī	quae	quod	quī	quae	quae
Gen.		cuius		quōrum	quārum	quōrum
Dat.		cui			quibus	
Akk.	quem	quam	quod	quōs	quās	quae
Abl.	quō	quā	quō		quibus	

Die Präposition *cum* wird an den Ablativ angehängt, z. B. *quōcum.*

Relativischer Anschluss: Steht ein Relativpronomen am Anfang eines Hauptsatzes, wird es demonstrativ übersetzt.

Beispiel *Qua de causa ...* – Aus diesem Grunde ...

6.11 Pronominaladjektive

Die im nebenstehenden Merkspruch genannten Wörter werden wie Adjektive nach der a-/o-Deklination dekliniert (vgl. Kap. 5.2, *magnus*); Genitiv und Dativ Singular weisen jedoch Endungen auf, wie sie für Pronomina typisch sind, weshalb die Gruppe als **Pronominaladjektive** bezeichnet wird.

> Merkspruch:
> *Unus, solus, totus, ullus,*
> *uter, alter, neuter, nullus*
> *alius* – die haben alle
> **-īus** in dem zweiten Falle,
> und im Dativ enden sie
> stets auf einem langen **-ī**.

7 Grundlagen der Formenbildung des Verbs

7.1 Stammformen

Um alle Formen eines Verbs bilden zu können, müssen seine Stammformen bekannt sein. Diese sind:

- Infinitiv **Präsens** Aktiv — *audī-re*
- 1. Person Singular Indikativ Präsens Aktiv — *audi-ō*
- 1. Person Singular Indikativ **Perfekt Aktiv** — *audīv-ī*
- Neutrum des **Partizip Perfekt Passiv** (PPP) — *audīt-um*

Ausgehend von diesen vier Stammformen können alle weiteren Formen eines Verbs gebildet bzw. bestimmt werden, und zwar

- **vom Präsensstamm:** Präsens, Imperfekt, Futur I (jeweils Aktiv/Passiv); Imperativ, Infinitiv Präsens (Aktiv/Passiv); Partizip Präsens Aktiv (PPA); Gerundium und Gerundivum;
- **vom Perfekt-Aktiv-Stamm:** Aktiv des Perfekts, Plusquamperfekts und Futurs II sowie Infinitiv Perfekt Aktiv;
- **vom Perfekt-Passiv-Stamm:** Passiv des Perfekts, Plusquamperfekts und Futurs II; Infinitiv Perfekt Passiv; Partizip Perfekt Passiv (PPP); Partizip Futur Aktiv (PFA); Infinitiv Futur Aktiv; Supinum I und II.

7.2 Konjugationsklassen

Die regelmäßigen Verben des Lateinischen werden zu vier Haupt-Konjugationsklassen zusammengefasst. Alle Verben einer Klasse werden jeweils nach demselben Schema konjugiert. Den Ausschlag für die Zuordnung zu einer der vier Klassen bildet der Auslaut des Wortstammes, den man am Inf. Präs. Akt. in Zusammenhang mit der 1. Pers. Sg. Ind. Präs. Akt. erkennen kann.

Konjugationsklasse	Inf. Präs. Akt.	1. Pers. Sg. Ind. Präs. Akt.	Wortstamm
1. **a**-Konjugation	am**ā**-re	am-ō (< am**a**-ō)	am**a**…
2. **e**-Konjugation	mov**ē**-re	mov**e**-ō	mov**e**…
3. **konsonantische** Konj.	mit**t**-e-re	mit**t**-ō	mit**t**…
4. **i**-Konjugation	aud**ī**-re	aud**i**-ō	aud**i**…

7.3 „Gemischte“ Konjugation

Manche Verben bilden ihre Formen im Grunde nach dem Muster der konsonantischen Konjugation, fügen aber in einigen Formen nach dem Stammauslaut ein (stets kurzes!) -i- ein, z. B. *capere, cap-i-o, cap-i-unt, cap-i-ēbant.*
Diese Art der Konjugation nennt man „gemischte Konjugation“ oder „kurzvokalische i-Konjugation“ *(3m.).*

7.4 Arten der Bildung des Perfekt-Aktiv-Stammes

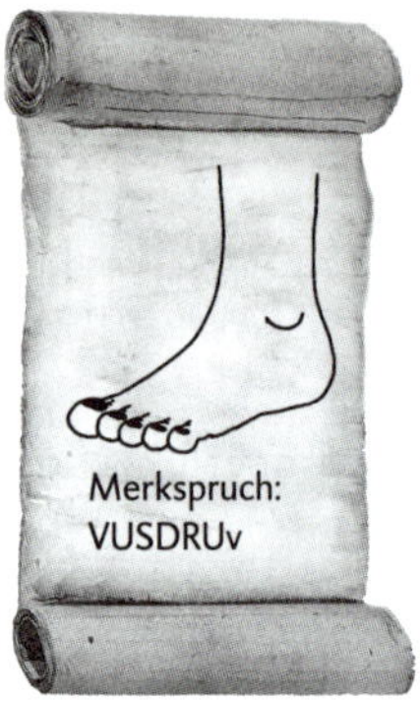

Der Perfekt-Aktiv-Stamm eines Verbs wird jeweils auf eine der folgenden sechs Arten gebildet:

- v-Perfekt („normal“ für die a- und i-Konj.), z. B. *amavi, audivi*
- u-Perfekt („normal“ für die e-Dekl.), z. B. *habui*
- s-Perfekt, z. B. *misi, dixi* (c + s > x), *auxi* (g + s > x)
- Dehnungsperfekt, z. B. *vēni* (oft mit Ablaut, wie bei *ēgi, fēci*)
- Reduplikationsperfekt, z. B. *cecidi*
- Unverändertes Perfekt, z. B. *defendi*

7.5 Bildungsformeln für die einzelnen Verbformen

Formen des Präsensstammes	Präsensstamm	Tempuszeichen/ Moduszeichen		Aktiv-/Passiv-Endung des Präsensstammes
Formen des Perfekt-Aktiv-Stammes	Perfekt-Aktiv-Stamm			Endung des Perfektstammes
Formen des Perfekt-Passiv-Stammes	PPP		+	Form von *esse*

7.6 Systematische Übersicht der Formen des Verbs

Wegen der Ziffern 1 bis 3 vgl. Kap. 7.7.

	Aktiv		Passiv	
	Indikativ	Konjunktiv	Indikativ	Konjunktiv
		Präsensstamm		
Präsens	ama-t ① move-t mitt-i-t audi-t	am-e-t ① move-a-t mitt-a-t audi-a-t	ama-tur ② move-tur mitt-i-tur audi-tur	am-e-tur ② move-a-tur mitt-a-tur audi-a-tur
Imperfekt	ama-ba-t ① move-ba-t mitt-ēba-t audi-ēba-t	ama-re-t ① move-re-t mitt-e-re-t audi-re-t	ama-ba-tur ② move-ba-tur mitt-ēba-tur audi-ēba-tur	ama-re-tur ② move-re-tur mitt-e-re-tur audi-re-tur
Futur	ama-bi-t ① move-bi-t mitt-e-t audi-e-t		ama-bi-tur ② move-bi-tur mitt-e-tur audi-e-tur	
	Perfekt-Aktiv-Stamm		Perfekt-Passiv-Stamm	
Perfekt	amav-it ③ mov-it mis-it audiv-it	amav-erit mov-erit mis-erit audiv-erit	amatum est motum est missum est auditum est	amatum sit motum sit missum sit auditum sit
Plusquamperfekt	amav-erat mov-erat mis-erat audiv-erat	amav-isset mov-isset mis-isset audiv-isset	amatum erat motum erat missum erat auditum erat	amatum esset motum esset missum esset auditum esset
Futur II	amav-erit mov-erit mis-erit audiv-erit		amatum erit motum erit missum erit auditum erit	

Imperativ
Sg.: Stamm!
Pl.: -te!

7.7 Endungsreihen der Verben

	① Aktiv-Reihe	② Passiv-Reihe	③ Perfekt-Aktiv-Reihe
1. Person (*ich*)	-ō/-m	-(o)r	-ī
2. Person (*du*)	-s	-ris	-istī
3. Person (*er, sie, es*)	-t	-tur	-it
1. Person (*wir*)	-mus	-mur	-imus
2. Person (*ihr*)	-tis	-minī	-istis
3. Person (*sie*)	-nt	-ntur	-ērunt
Infinitiv	-re	-(r)ī	-isse

8 Konjugation der regelmäßigen Verben

8.1 Präsensstamm Aktiv

	1. a-Konj.	2. e-Konj.	3. kons. Konj.	3m. gem. Konj.	4. i-Konj.
Stamm	amā-	movē-	mitt-	cap(i)-	audī-
	Indikativ				
Präsens *ich liebe*	**amō** (< amao)	move-ō	mitt-ō	**capi-o**	audi-o
	amā-**s**	movē-s	mitt-i-s	cap-i-s	audi-s
	ama-**t**	move-t	mitt-i-t	cap-i-t	audi-t
	amā-**mus**	movē-mus	mitt-i-mus	cap-i-mus	audi-mus
	amā-**tis**	movē-tis	mitt-i-tis	cap-i-tis	audi-tis
	ama-**nt**	move-nt	mitt-u-nt	**capi-u-nt**	**audi-u-nt**
Imperf. *ich liebte*	amā-**ba-m**	movē-**ba**-m	mitt-**ēba**-m	capi-**ēba**-m	audi-**ēba**-m
	amā-bā-s	movē-bā-s	mitt-ēbā-s	capi-ēbā-s	audi-ēbā-s
	amā-ba-t	movē-ba-t	mitt-ēba-t	capi-ēba-t	audi-ēba-t
	amā-bā-mus	movē-bā-mus	mitt-ēbā-mus	capi-ēbā-mus	audi-ēbā-mus
	amā-bā-tis	movē-bā-tis	mitt-ēbā-tis	capi-ēbā-tis	audi-ēbā-tis
	amā-ba-nt	movē-ba-nt	mitt-ēba-nt	capi-ēba-nt	audi-ēba-nt
Futur I *ich werde lieben*	amā-**b-ō**	movē-**b-ō**	mitt-**a-m**	capi-**a-m**	audi-**a-m**
	amā-**bi**-s	movē-**bi**-s	mitt-**ē**-s	capi-**ē**-s	audi-**ē**-s
	amā-bi-t	movē-bi-t	mitt-e-t	capi-e-t	audi-e-t
	amā-bi-mus	movē-bi-mus	mitt-ē-mus	capi-ē-mus	audi-ē-mus
	amā-bi-tis	movē-bi-tis	mitt-ē-tis	capi-ē-tis	audi-ē-tis
	amā-**bu**-nt	movē-**bu**-nt	mitt-e-nt	capi-e-nt	audi-e-nt

	Konjunktiv				
Präsens *ich soll lieben*	am-e-m am-ē-s am-e-t am-ē-mus am-ē-tis am-e-nt	move-a-m move-ā-s move-a-t move-ā-mus move-ā-tis move-a-nt	mitt-a-m mitt-ā-s mitt-a-t mitt-ā-mus mitt-ā-tis mitt-a-nt	capi-a-m capi-ā-s capi-a-t capi-ā-mus capi-ā-tis capi-a-nt	audi-a-m audi-ā-s audi-a-t audi-ā-mus audi-ā-tis audi-a-nt
Imperf. *ich würde lieben*	amā-re-m amā-rē-s amā-re-t amā-rē-mus amā-rē-tis amā-re-nt	movē-re-m movē-rē-s movē-re-t movē-rē-mus movē-rē-tis movē-re-nt	mitt-e-re-m mitt-e-rē-s mitt-e-re-t mitt-e-rē-mus mitt-e-rē-tis mitt-e-re-nt	cap-e-re-m cap-e-rē-s cap-e-re-t cap-e-rē-mus cap-e-rē-tis cap-e-re-nt	audī-re-m audī-rē-s audī-re-t audī-rē-mus audī-rē-tis audī-re-nt
Inf. Präs. Aktiv	amā-re	movē-re	mitt-e-re	cap-e-re	audī-re
Partizip Präs. Akt.	amā-ns, ama-nt-is *liebend*	movē-ns, move-nt-is *bewegend*	mitt-ē-ns, mitt-e-nt-is *schickend*	capi-ē-ns, capi-e-nt-is *fassend*	audi-ē-ns, audi-e-nt-is *hörend*
Gerundium	ama-nd-ī	move-nd-ī	mitt-e-nd-ī	capi-e-nd-ī	audi-e-nd-ī
Imperativ Sg.	amā! *liebe!*	movē! *bewege!*	mitte! *schicke!*	cape! *fasse!*	audī! *höre!*
Pl.	amā-te! *liebt!*	movē-te! *bewegt!*	mitt-i-te! *schickt!*	capi-te! *fasst!*	audī-te! *hört!*

8.2 Präsensstamm Passiv

	1. a-Konj.	2. e-Konj.	3. kons. Konj.	3m. gem. Konj.	4. i-Konj.
Stamm	amā-	movē-	mitt-	cap(i)-	audī-
	Indikativ				
Präsens *ich werde geliebt*	am-or (< amaor) amā-ris amā-tur amā-mur amā-mini ama-ntur	move-ōr movē-ris movē-tur movē-mur movē-minī move-ntur	mitt-ōr mitt-e-ris mitt-i-tur mitt-i-mur mitt-i-minī mitt-u-ntur	capi-or cap-e-ris cap-i-tur cap-i-mur cap-i-minī capi-u-ntur	audi-or audi-ris audi-tur audi-mur audi-minī audi-u-ntur

Imperf. *ich wurde geliebt*	amā-ba-r amā-bā-ris amā-bā-tur amā-bā-mur amā-bā-minī amā-ba-ntur	movē-ba-r movē-bā-ris movē-bā-tur movē-bā-mur movē-bā-minī movē-ba-ntur	mitt-ēba-r mitt-ēbā-ris mitt-ēbā-tur mitt-ēbā-mur mitt-ēbā-minī mitt-ēba-ntur	capi-ēba-r capi-ēbā-ris capi-ēbā-tur capi-ēbā-mur capi-ēbā-minī capi-ēba-ntur	audi-ēba-r audi-ēbā-ris audi-ēbā-tur audi-ēbā-mur audi-ēbā-minī audi-ēba-ntur
Futur I *ich werde geliebt werden*	amā-b-or amā-be-ris (!) amā-bi-tur amā-bi-mur amā-bi-minī amā-bu-ntur	movē-b-or movē-be-ris (!) movē-bi-tur movē-bi-mur movē-bi-minī movē-bu-ntur	mitt-a-r mitt-ē-ris mitt-ē-tur mitt-ē-mur mitt-ē-minī mitt-e-ntur	capi-a-r capi-ē-ris capi-ē-tur capi-ē-mur capi-ē-minī capi-e-ntur	audi-a-r audi-ē-ris audi-ē-tur audi-ē-mur audi-ē-minī audi-e-ntur
	Konjunktiv				
Präsens *ich soll geliebt werden*	am-e-r am-ē-ris am-ē-tur am-ē-mur am-ē-minī am-e-ntur	move-a-r move-ā-ris move-ā-tur move-ā-mur move-ā-minī move-a-ntur	mitt-a-r mitt-ā-ris mitt-ā-tur mitt-ā-mur mitt-ā-minī mitt-a-ntur	capi-a-r capi-ā-ris capi-ā-tur capi-ā-mur capi-ā-minī capi-a-ntur	audi-a-r audi-ā-ris audi-ā-tur audi-ā-mur audi-ā-minī audi-a-ntur
Imperf. *ich würde geliebt werden*	amā-re-r amā-rē-ris amā-rē-tur amā-rē-mur amā-rē-minī amā-re-ntur	movē-re-r movē-rē-ris movē-rē-tur movē-rē-mur movē-rē-minī movē-re-ntur	mitt-e-re-r mitt-e-rē-ris mitt-e-rē-tur mitt-e-rē-mur mitt-e-rē-minī mitt-e-re-ntur	cap-e-re-r cap-e-rē-ris cap-e-rē-tur cap-e-rē-mur cap-e-rē-minī cap-e-re-ntur	audī-re-r audī-rē-ris audī-rē-tur audī-rē-mur audī-rē-minī audī-re-ntur
Inf. Präs. Pass.	amā-rī	movē-rī	mitt-ī	cap-ī	audī-rī
Gerundivum	ama-nd-us, a, um	move-nd-us, a, um	mitt-e-nd-us, a, um	capi-e-nd-us, a, um	audi-e-nd-us, a, um

8.3 Besondere Imperative

- Vier Verben bilden einen einsilbigen Imperativ Singular:
  dicere – dic!, ducere – duc!, facere – fac!, ferre – fer!
- In altertümlicher Sprache (v. a. in Gesetzestexten) begegnet auch der sog. **Imperativ II:** für die 2. Pers. Sg.: -tō! *(du sollst ...)*, für die 3. Pers. Sg.: -tō! *(er soll ...)*, für die 2. Pers. Pl.: -tōte! *(ihr sollt ...)*, für die 3. Pers. Pl.: -ntō! *(sie sollen ...)*.

Beispiel *Memento mori!* – Du sollst an den Tod denken!
Contenti estote! – Ihr sollt zufrieden sein!

8.4 Perfektstämme (Aktiv/Passiv)

	Aktiv		Passiv		
	Indikativ				
Perfekt	*ich habe geliebt*	amāv-**ī** amāv-**istī** amāv-**it** amāv-**imus** amāv-**istis** amāv-**ērunt**	*ich bin geliebt worden*	amātus, a, um amātī, ae, a	**sum** es est sumus estis sunt
Plusquamperf.	*ich hatte geliebt*	amāv-**eram** amāv-erās amāv-erat amāv-erāmus amāv-erātis amāv-erant	*ich war geliebt worden*	amātus, a, um amātī, ae, a	**eram** erās erat erāmus erātis erant
Futur II	*ich werde geliebt haben*	amāv-**erō** amāv-eris amāv-erit amāv-erimus amāv-eritis amāv-erint	*ich werde geliebt worden sein*	amātus, a, um amātī, ae, a	**erō** eris erit erimus eritis erunt
	Konjunktiv				
Perfekt	*ich soll geliebt haben*	amāv-**eri-m** amāv-eri-s amāv-eri-t amāv-eri-mus amāv-eri-tis amāv-eri-nt	*ich soll geliebt worden sein*	amātus, a, um amātī, ae, a	**sim** sīs sit sīmus sītis sint
Plusquamperf.	*ich hätte geliebt*	amāv-**isse-m** amāv-issē-s amāv-isse-t amāv-issē-mus amāv-issē-tis amāv-isse-nt	*ich wäre geliebt worden*	amātus, a, um amātī, ae, a	**essem** essēs esset essēmus essētis essent
Infinitiv Perfekt	*geliebt haben*	amav-**isse**	*geliebt worden sein*	amāt**um** (am, ōs, ās, a)	**esse**

8.5 Liste der Infinitive, Partizipien und Supina

	Aktiv		Passiv	
	Infinitiv			
Präsens	*lieben*	amā-re	*geliebt werden*	amā-rī
Perfekt	*geliebt haben*	amāv-isse	*geliebt worden sein*	amāt-um esse
Futur	*künftig lieben*	amāt-ūr-um esse	*künftig geliebt werden*	amāt-um īrī
	Partizip			
Präs. Akt. (PPA)	*liebend*	amā-ns, -nt-is	–	
Perf. Pass. (PPP)	–		*geliebt*	amāt-us, a, um
Fut. Akt. (PFA)	*einer, der lieben wird*	amāt-ūr-us, a, um	–	
	Supina			
Supinum I	*um zu lieben*	amāt-um	–	
Supinum II	*zu lieben*	amāt-ū	–	

8.6 Deponentien und Semideponentien

In allen Konjugationsklassen gibt es auch Verben, die lediglich **passive Formen** bilden können, **aber aktivische Bedeutung** haben. Diese Verben haben also sozusagen jeweils ihre aktiven Formen und ihre passive Bedeutung abgelegt – „deponiert“.

Beispiel		
	hortārī, hortor, hortātus sum 1.	ermahnen
	pollicērī, polliceor, pollicitus sum 2.	versprechen
	ūtī, ūtor, ūsus sum 3.	gebrauchen, benutzen
	morī, morior, mortuus sum 3m.	sterben
	potīrī, potior, potītus sum 4.	sich bemächtigen/aneignen

Abweichend von den „normalen“ Verben bilden die Deponentien

- den Imperativ Singular auf **-re** — *hortā-re! ūt-e-re!*
- den Imperativ Plural auf **-minī** — *hortā-minī!, ut-i-minī!*

Ebenfalls **aktivische Bedeutung** haben bei den Deponentien

- das Partizip Präsens Aktiv — *hortā-ns* – ermahnend
- (in der Regel) das Partizip Perfekt Passiv — *hortāt-us* – einer, der ermahnt hat

- das Partizip Futur Aktiv — *hortāt-ūr-us* – einer, der ermahnen wird
- der Infinitiv Futur — *hortāt-ūr-um esse* – künftig ermahnen
- das Gerundium — *horta-nd-ī* – des Ermahnens
- die Supina I und II — *hortāt-um* – um zu ermahnen; *hortāt-ū* – zu ermahnen

Passive Bedeutung dagegen hat auch bei den Deponentien
- das Gerundivum — *horta-nd-us* – einer, der ermahnt werden muss

Sehr wenige Verben bilden entweder nur den Präsens- oder nur den Perfektstamm passivisch; sie werden **Semideponentien** („Halb-Deponentien“) genannt. Die wichtigsten sind:

audēre, audeō, ausus sum 2.	wagen, riskieren
gaudēre, gaudeō, gāvīsus sum 2.	sich freuen
solēre, soleō, solitus sum 2.	gewohnt sein
cōnfīdere, cōnfīdō, cōnfīsus sum 3.	vertrauen
revertī, revertor, revertī, reversus 3.	zurückkehren

9 Konjugation der unregelmäßigen Verben (Verba anómala)

9.1 Formen des Hilfsverbs *esse* (sein)

Präsensstamm		Perfektstamm	
	Indikativ		
Präsens	sum, es, est sumus, estis, sunt	Perfekt	fuī, fuistī, fuit fuimus, fuistis, fuērunt
Imperfekt	eram, erās, erat erāmus, erātis, erant	Plusquam-perfekt	fueram, fuerās, fuerat fuerāmus, fuerātis, fuerant
Futur I	erō, eris, erit erimus, eritis, erunt	Futur II	fuerō, fueris, fuerit fuerimus, fueritis, fuerint

	Konjunktiv		
Präsens	sim, sīs, sit sīmus, sītis, sint	Perfekt	fuerim, fueris, fuerit fuerimus, fueritis, fuerint
Imperfekt	essem, essēs, esset essēmus, essētis, essent	Plusquam-perfekt	fuissem, fuissēs, fuisset fuissēmus, fuissētis, fuissent

	Infinitiv
Präsens	esse
Perfekt	fuisse
Futur	futūrum esse (*oder*) fore

Imperativ	es! – este!

Von *esse* gibt es (wie im Deutschen) kein Passiv.

9.2 Wichtige Komposita von *esse*

ab*esse, absum, āfuī*	weg sein, entfernt sein, fehlen
ad*esse, adsum, adfuī/affuī*	1. da/anwesend sein; 2. helfen
de*esse, dēsum, dēfuī*	fehlen, abwesend sein
inter*esse, intersum, interfuī*	(„dazwischen sein“:) dabei sein, teilnehmen
posse, possum, potuī	*[potis + esse]* („mächtig sein“:) können
prae*esse, praesum, praefuī*	(„voran sein“:) an der Spitze stehen, leiten
prōd*esse, prōsum, prōfuī*	*[pro + esse]* („für/förderlich sein“:) nützen
super*esse, supersum, superfuī*	1. übrig sein; 2. überleben

9.3 Formen von *posse* (können) und *prōdesse* (nützen)

Auch *posse* und *prōdesse* sind ursprünglich Komposita von *esse* (vgl. Kap. 9.1). *Posse* hat den Stamm **pot**-, der bei folgendem Konsonanten zu **pos**- wird. Bei *prōdesse* entfällt vom Stamm **prōd**- bei folgendem Konsonanten das **d**.

	posse, possum, potuī, –		prōdesse, prōsum, prōfuī, –	
	Indikativ	Konjunktiv	Indikativ	Konjunktiv
Präsens	possum potes potest possumus potestis possunt	possim possīs possit possīmus possītis possint	prō-sum prōdēs prōdest prō-sumus prōdestis prō-sunt	prō-sim prō-sīs prō-sit prō-sīmus prō-sītis prō-sint

Imperfekt	poteram poterās …	possem possēs …	prōderam prōderās …	prōdessem prōdessēs …
Futur I	poterō poteris …	–	prōderō prōderis …	–
Perfekt	potuī potuistī …	potuerim potueris …	prō-fuī prō-fuistī …	prō-fuerim prō-fueris …
Plusquamperfekt	potueram potuerās …	potuissem potuissēs …	prō-fueram prō-fuerās …	prō-fuissem prō-fuissēs …
Futur II	potuerō potueris …	–	prō-fuerō prō-fueris …	–
Infinitiv Präsens	posse		prōdesse	
Infinitiv Perfekt	potuisse		prō-fuisse	
Imperativ	–		prōdes! prōdeste!	

9.4 Formen von *īre* (gehen)

Präsensstamm		Perfektstamm	
	Indikativ		
Präsens	eō, īs, it īmus, ītis, eunt	Perfekt	iī, īstī, iit iimus, īstis, iērunt
Imperfekt	ībam, ībās, …	Plusquamperfekt	ieram, ierās, …
Futur I	ībō, ībis, …	Futur II	ierō, ieris, …
	Konjunktiv		
Präsens	eam, eās, eat eāmus, eātis, eant	Perfekt	ierim, ieris, …
Imperfekt	īrem, īrēs, …	Plusquamperfekt	īssem, īssēs, …

	Infinitiv		
Präsens	īre	Imperativ	ī! – īte!
Perfekt	īsse	Partizip Präsens Aktiv	iēns, euntis
Futur	itūrum esse	Gerundium	eundī

Von *ire* gibt es (wie im Deutschen) kein Passiv.
Ausnahme: *ītur* – man geht.

9.5 Wichtige Komposita von *īre*

ab*īre*	weggehen
ad*īre*	1. herangehen, aufsuchen; 2. bitten
ex*īre*	hinausgehen
in*īre*	1. hineingehen; 2. beginnen
inter*īre*	untergehen
per*īre*	zugrunde gehen, umkommen
praeter*īre*	(vor-)übergehen
red*īre*	zurückkehren
sub*īre*	auf sich nehmen
trāns*īre*	hinübergehen, überqueren

9.6 Formen von *ferre* (tragen)

Präsensstamm			Perfektstamm		
	Aktiv	Passiv		Aktiv	Passiv
	Indikativ				
Präsens	ferō **fers** **fert** ferimus **fertis** ferunt	feror **ferris** **fertur** ferimur feriminī feruntur	Perfekt	tulī tulistī tulit tulimus tulistis tulērunt	lātus, a, um { sum, es, est lātī, ae, a { sumus, estis, sunt
Imperf.	ferēbam …	ferēbar …	Plusquamperfekt	tuleram …	lātus, a, um { eram, erās …
Futur I	feram ferēs …	ferar ferēris …	Futur II	tulerō tuleris …	lātus, a, um { erō, eris …
	Konjunktiv				
Präsens	feram ferās …	ferar ferāris …	Perfekt	tulerim tuleris …	lātus, a, um { sim, sīs …
Imperf.	ferrem ferrēs …	ferrer ferrēris …	Plusquamperfekt	tulissem tulisses …	lātus, a, um { essem, essēs …

	Infinitiv			
Präsens	**ferre**	**ferrī**	Imperativ	**fer!** – ferte!
Perfekt	tulisse	lātum esse	Partizip Präsens Aktiv	ferēns, entis
Futur	lātūrum esse	lātum īrī	Gerundium	ferendī

9.7 Wichtige Komposita von *ferre*

(ad- >) **af***ferre, afferō, attulī, allātum* — 1. herbeibringen; 2. melden
(ab- >) **au***ferre, auferō, abstulī, ablātum* — wegtragen, wegnehmen, rauben
cōn*ferre, cōnferō, cōntulī, collātum* — 1. zusammentragen; 2. vergleichen
dē*ferre, dēferō, dētulī, dēlātum* — 1. hinbringen; 2. melden
dif*ferre, differō, distulī, dīlātum* — aufschieben
dif*ferre, differō, –, –* — sich unterscheiden
ef*ferre, efferō, extulī, ēlātum* — hinaustragen
īn*ferre, īnferō, īntulī, illātum* — hineintragen
(ob- >) **of***ferre, offerō, obtulī, oblātum* — anbieten
per*ferre, perferō, pertulī, perlātum* — hintragen, überbringen
prae*ferre, praeferō, praetulī, praelātum* — vorziehen
re*ferre, referō, rettulī, relātum* — 1. zurückbringen; 2. melden

Das Verb **tollere**, *tollō, sustulī, sublātum* (1. aufheben; 2. beseitigen) ist im Präsensstamm ein regelmäßiges Verb der konsonantischen Konjugation; die Formen des Perfektstamms (Aktiv/Passiv) aber sind Komposita von *ferre.*

9.8 *velle* (wollen), *nōlle* (nicht wollen) und *mālle* (lieber wollen)

	velle, volō, voluī, –		nōlle, nōlō, nōluī, –		mālle, mālō, māluī, –	
	Indikativ	Konjunktiv	Indikativ	Konjunktiv	Indikativ	Konjunktiv
Präsens	volō vīs vult volumus vultis volunt	velim velīs velit velimus velitis velint	nōlō **nōn vīs** **nōn vult** nōlumus **nōn vultis** nōlunt	nōlim nōlīs nōlit nōlīmus nōlītis nōlint	mālō **māvīs** **māvult** mālumus **māvultis** mālunt	mālim mālīs mālit mālīmus mālītis mālint
Imperf.	volēbam volēbās …	vellem vellēs …	nōlēbam nōlēbās …	nōllem nōllēs …	mālēbam mālēbās …	māllem māllēs …
Futur I	volam volēs …	–	nōlam nōlēs …	–	mālam mālēs …	–
Perfekt	voluī …	voluerim …	nōluī …	nōluerim …	māluī …	māluerim …
Plusquamperfekt	volueram …	voluissem …	nōlueram …	nōluissem …	mālueram …	māluissem …
Futur II	voluerō …	–	nōluerō …	–	māluerō …	–

	Infinitiv		
Präs.	velle	nōlle	mālle
Perf.	voluisse	nōluisse	māluisse
Partizip Präs. Aktiv	volēns, volentis	nōlēns, nōlentis	–
Imperativ	–	nōlī! nōlīte!	–

Es gibt im Lateinischen von allen drei Verben kein Passiv. Der Imperativ von *nōlle* dient beim Infinitiv eines anderen Verbs zum Ausdruck eines **Verbots**.

Beispiel *Nōlī mē tangere!* – Fass mich nicht an!

9.9 *fierī, fiō, factus sum* (werden, geschehen, gemacht werden)

	Indikativ	Konjunktiv
Präsens	fiō, fīs, fit, fīmus, fītis, fiunt	fīam, fīas, fīat, ...
Imperfekt	fīēbam, fīēbās, fīēbat, ...	fīerem, fīerēs, fīeret, ...
Futur I	fīam, fīēs, fīet, ...	–
Perfekt	factus sum, ...	factus sim, ...
Plusquamperf.	factus eram, ...	factus essem, ...
Futur II	factus erō, ...	–

	Infinitiv	
Präsens	fierī	
Perfekt	factum esse	
Futur	futūrum esse *(oder)* fore factum īrī	*künftig geschehen* (= Inf. Fut. von *esse*, vgl. Kap. 9.1) *„künftig gemacht werden"*

Fierī dient dem Verb *facere* als Passiv. Es gibt also kein Aktiv.

9.10 Die unvollständigen Verben (Verba defectíva)

Einige Verben bilden nur eine beschränkte Anzahl von Formen.

a) **Aiō** (ich sage) kommt nur im Indikativ Präsens *(aio, ais, ait, aiunt)* und Imperfekt *(aiēbam, ...)* sowie in der 3. Pers. Sg. Perfekt *(ait)* vor.

b) **Inquam** (sage ich) bildet zumeist nur die 1., 2. und 3. Person Sg. *(inquam, inquīs, inquit)*, die sämtlich Präsens- oder Imperfektbedeutung haben können (sag(t)e ich). Dieses Wort wird stets in die direkte Rede eingeschoben.

c) **Quīre** (können) und **nequīre** (nicht können) bilden ihre Formen analog zu *īre* (vgl. Kap. 9.4), kommen aber nur in vereinzelten Formen vor.

d) **Coepisse**, *coepī, coeptum* (angefangen haben) bildet nur Formen des Perfektstammes; im Präsensstamm wird es durch *incipere, iō* 3m. ersetzt.

e) **Meminisse** (sich erinnern) und **ōdisse** (hassen) bilden nur Formen des Perfektstammes, haben aber präsentische Bedeutung, z. B. *ōdī* – ich hasse.

f) Auch **nōvī** (ich kenne) und **cōnsuēvī** (ich bin gewohnt) haben präsentische Bedeutung, die sich aus „ich habe kennengelernt, also kenne ich (jetzt)“ bzw. „ich habe mich gewöhnt, also bin ich (jetzt) gewohnt“ herleitet.

10 Präpositionen

Die Präpositionen des Lateinischen erfordern („regieren“) zumeist den **Akkusativ** des zugehörigen Nomens; mit dem **Ablativ** stehen nur:

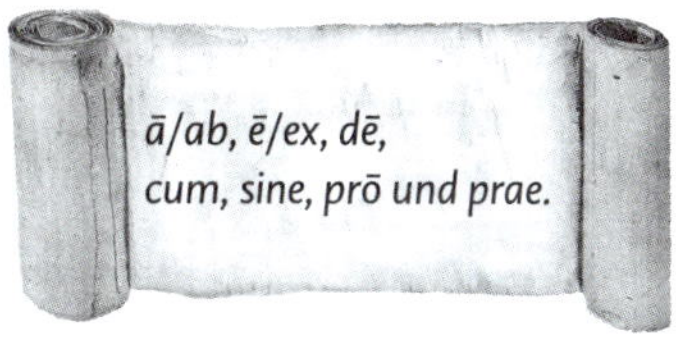

10.1 Die Präpositionen *in* und *sub*

Die Präpositionen **in** und **sub** bezeichnen mit folgendem Akkusativ eine Richtung (wohin?), mit folgendem Ablativ einen Ort (wo?).

Beispiel *in villam intrare* – das Haus betreten
in villā laborare – im Haus arbeiten

10.2 Die Präpositionen *causā* und *gratiā*

Die Präpositionen **causā** (wegen) und **gratiā** (zuliebe) haben eine doppelte Besonderheit: Sie stehen mit dem **Genitiv** und sind ihrem Beziehungswort **nachgestellt**.

Beispiel *honoris causā* – (wegen der Ehre =) ehrenhalber

10.3 Attribute in Präpositionalausdrücken

Ist das Beziehungswort eines Präpositionalausdrucks durch ein **Attribut** näher erläutert, so tritt die Präposition im Lateinischen gern zwischen dieses und das Beziehungswort.

Beispiel *magno cum labore* – mit viel Mühe

10.4 Liste der wichtigsten Präpositionen

mit dem Ablativ	
ā, ab, (abs)	*von (… weg/her)*
ē, ex	*aus, von*
dē	1. *von (… herab)*; 2. *über* (nicht räumlich)
cum	*mit*
sine	*ohne*
prō	1. *vor*; 2. *für, anstatt*
prae	1. *vor*; 2. *wegen*

mit Ablativ oder Akkusativ	
in (+ *Abl.*)	*in, auf, bei* (wo?)
in (+ *Akk.*)	*in, auf, nach* (wohin?)
sub (+ *Abl.*)	*unter* (wo?)
sub (+ *Akk.*)	*unter* (wohin?)

mit dem Akkusativ	
ad	1. *zu, nach*; 2. *bei*
ante	*vor* (räumlich und zeitlich)
apud	*bei* (v. a. bei Personen)
contrā	*gegen*
inter	*zwischen, unter*
ob	1. *wegen*; 2. *entgegen*
per	*durch (… hindurch)*
post	*nach; hinter*
praeter	*an … vorbei; außer*
prope	*in der Nähe (von …)*
propter	*wegen*
super	*über*
trāns	*jenseits*

11 Konjunktionen

Konjunktionen („Bindewörter“) verbinden Sätze oder Satzteile miteinander. Je nachdem, ob diese Verbindung die Gleichrangigkeit oder die Unter- bzw. Überordnung der verbundenen Teile deutlich machen soll, unterscheidet man **beiordnende** (d. h. gleichrangig machende) und **unterordnende Konjunktionen**.

11.1 Beiordnende Konjunktionen

Funktion	Konjunktion	
Aneinanderreihung	et, -que, atque/ac neque/nec/nēve etiam, quoque	*und* *und nicht* *auch, sogar*
Gegensatz	autem, sed, vērum/vērō, at tamen neque vērō	*aber* *dennoch* *aber nicht*
Begründung	nam, enim neque enim	*denn* *denn nicht*
Folgerung	itaque, igitur, ergō, proinde	*daher, also*
Unterscheidung	aut, vel, sīve/seu	*oder*

11.2 Korrespondierende Konjunktionen

Die beiordnenden Konjunktionen können auch miteinander korrespondieren:

- **et … et** – sowohl … als auch
- **nōn sōlum/modo … sed/vērum etiam** – nicht nur … sondern auch
- **neque … neque**, **nec … nec** – weder … noch
- **aut … aut** – entweder … oder; **vel … vel** – entweder … oder (auch)
- **sīve … sīve**, **seu … seu** – sei es, dass … oder dass; vielleicht … oder
- **cum … tum** – zwar … besonders aber

11.3 Unterordnende Konjunktionen

Mit unterordnenden Konjunktionen werden Nebensätze ihrem regierenden Satz in jeweils einer bestimmten Sinnrichtung untergeordnet. Dabei steht im Lateinischen das Prädikat des untergeordneten Satzes oft im Konjunktiv (vgl. Kap. 24.2), der aber nur in wenigen Fällen auch im Deutschen zur Anwendung kommen muss.

Beispiel *Nemo tam prudens est, ut omnia sciat.* – Niemand ist so klug, dass er alles weiß.

Konjunktion	Modus des Prädikats	Bedeutung	Sinnrichtung*
cum	+ Indikativ	1. [cum iterativum] *(immer) wenn* 2. [cum temporale] *(damals) als* 3. [cum inversivum] *als (plötzlich)* 4. [cum explicativum] *indem, dadurch dass*	temporal temporal temporal modal
	+ Konjunktiv	1. [cum narrativum] *als* 2. [cum causale] *da, weil* 3. [cum concessivum] *obwohl* 4. [cum adversativum] *wohingegen*	temporal kausal konzessiv adversativ
dum	+ Indikativ + Konjunktiv	*während, solange* *bis*	temporal temporal
etsī	+ Indikativ	*auch wenn*	konzessiv
nē	+ Konjunktiv	*damit nicht*	final
nisi	+ Ind./Konj.	*wenn nicht*	konditional
postquam	+ Indikativ	*nachdem*	temporal
priusquam	+ Indikativ	*bevor*	temporal
quamquam	+ Indikativ	*obwohl*	konzessiv
quamvīs	+ Konjunktiv	*obwohl*	konzessiv
quasi	+ Konjunktiv	*als ob*	komparativ
quia	+ Indikativ	*weil (ja)*	kausal
quīn	+ Konjunktiv	*dass (nach verneinten Ausdrücken des Zweifelns)*	konsekutiv
quod	+ Indikativ + Indikativ	*da, weil* *(die Tatsache,) dass*	kausal *„faktisches quod"*
quodsi	+ Ind./Konj.	*wenn nun*	konditional
quoniam	+ Indikativ	*da (ja)*	kausal
sī	+ Ind./Konj.	*wenn*	konditional
sīcut	+ Indikativ	*wie*	komparativ
simul	+ Indikativ	*sobald*	temporal
tamquam	+ Konjunktiv	*wie wenn, als ob*	komparativ
ubi	+ Indikativ	*sobald*	temporal
ut/utī	+ Indikativ	1. *wie* 2. *als*	komparativ temporal
	+ Konjunktiv	1. *dass, damit, um … zu* (Verneinung: nē) 2. *dass, sodass* (Verneinung: ut nōn) 3. *wenn auch*	final konsekutiv konzessiv

*) **adversativ** – Gegensatz, **final** – Zweck, **kausal** – Grund, **komparativ** – Vergleich, **konditional** – Bedingung, **konsekutiv** – Folge, **konzessiv** – Einräumung/Gegengrund, **modal** – Art und Weise, **temporal** – Zeit.

12 Adverbien

12.1 Ableitung und Steigerung von Adverbien

Adverbien können von Adjektiven (vgl. Kap. 5) abgeleitet oder aber auf andere Weise entstanden sein.

Beispiel *hodie* aus *hoc die*

Für die **Ableitung von Adverbien aus Adjektiven** gilt:

- Adjektive nach der a-/o-Deklination (vgl. Kap. 5.2, *magnus*) ersetzen ihre Ausgänge -us, -a, -um durch **-ē**.

Beispiel *longus, a, um* (lang) → *longē*
pulcher, chra, chrum (schön) → *pulchrē*

- Adjektive nach der i-Deklination (vgl. Kap. 5.2, *fortis*) ersetzen ihren Genitiv-Ausgang -is durch **-iter**, wobei Adjektive, deren Stamm auf -nt- endet, stattdessen **-er** anfügen.

Beispiel *felix, felicis* (glücklich) → *feliciter*
sapiens, sapientis (weise) → *sapienter*

Für die **Steigerung der abgeleiteten Adverbien** gilt:

- Der Komparativ endet auf **-ius**.

Beispiel *longius, pulchrius, facilius, felicius, sapientius*

- Der **Superlativ** endet auf **-issimē** (bzw. *-errimē, -illimē,* vgl. Kap. 5.4, a, b).

Beispiel *longissimē, pulcherrimē, facillimē, felicissimē, sapientissimē*

12.2 Besonderheiten der Adverbbildung

Das Adverb zu	*bonus* (gut)	lautet	*bene* (gut),
	malus (schlecht)		*male* (schlecht),
	alius (anderer)		*aliter* (anders),
	facilis (leicht)		*facile* (leicht),
	difficilis (schwer)		*difficulter* (schwer),
	audāx (kühn)		*audācter* (kühn).

Besondere Komparationsformen haben:

- *diū* (lange) *diūtius* (länger) *diūtissimē* (am längsten),
- *māgnopere* (sehr) *magis* (mehr) *maximē* (am meisten),
- *saepe* (oft) *saepius* (öfter) *saepissimē* (sehr oft).

13 Interjektionen

Häufige Interjektionen sind **ō** (für alle möglichen Gefühle), **heu** (als Klage, „ach“) und **vae** (als Klage und Drohung, „wehe“).

14 Numeralia: Die wichtigsten Kardinal-(Grund-) und Ordinal-(Ordnungs-)Zahlen

Zeichen	Grundzahl	Ordnungszahl	Zeichen	Grundzahl	Ordnungszahl	Zeichen	Grundzahl	Ordnungszahl
I	ūnus, a, um	prīmus, a, um	V	quīnque	quīntus	L	quīnquāgintā	quīnquāgēsimus
			VI	sex	sextus			
II	duo, duae, duo	secundus *(bzw.)* alter	VII	septem	septimus	C	centum	centēsimus
			VIII	octō	octāvus	D	quīngentī	quīngentēsimus
III	trēs, trēs, tria	tertius	IX	novem	nōnus			
			X	decem	decimus	M	mīlle (*Pl.:* mīlia, ium)	mīllēsimus
IV	quattuor	quārtus	XX	vīgintī	vīcēsimus			

Deklination von ūnus, duo und trēs				
Nom.	Gen.	Dat.	Akk.	Abl.
ūnus, ūna, ūnum	ūnīus	ūnī	ūnum, am	ūnō, ā
duo, duae, duo	duōrum, ārum	duōbus, ābus	duōs, ās, o	duōbus, ābus
trēs, trēs, tria	trium	tribus	trēs, tria	tribus

15 Satzglieder und Satzmodell

15.1 Der einfache Satz

Jeder vollständige Satz muss mindestens zwei Satzglieder enthalten – **das Subjekt** („Satzgegenstand“, Thema des Satzes) und **das Prädikat** („Satzaussage“, Information über das Subjekt). Subjekt und Prädikat nennt man zusammen auch den **Satzkern**.

a) **Subjekt** (Frage: Wer oder was?) kann sein:
- ein Substantiv, ein Pronomen, ein Numerale, ein substantiviertes Adjektiv oder Partizip (alles im Nominativ).
  Ist das Subjekt ein Personalpronomen, wird es im Lateinischen in der Regel nicht eigens erwähnt (vgl. Kap. 6.3), sondern muss aus der Endung des Prädikats erschlossen werden.
  Beispiel *Conveniunt.* – Sie kommen zusammen.
- ein Infinitiv (vgl. Kap. 23.1), ein AcI (vgl. Kap. 23.2);
- ein Nebensatz (vgl. Kap. 25.3).

b) **Prädikat** (Frage: Was wird über das Subjekt ausgesagt?) kann sein:
- **einfaches Prädikat:** finite („gebeugte“) Form eines Vollverbs.
  Beispiel *Syrus laborat.* – Syrus arbeitet.
- **zusammengesetztes Prädikat:** finite Form des Hilfsverbs *esse* (sein) in Verbindung mit einem Nomen (sog. Prädikatsnomen).
  Beispiel *Syrus servus est.* – Syrus ist ein Sklave.
  Syrus parvus est. – Syrus ist klein.

In der Bedeutung „es gibt/existiert/befindet sich“ wird *esse* ohne Prädikatsnomen verwendet **(*esse* als Vollverb)**.

15.2 Übereinstimmungen (Kongruenzen) zwischen Subjekt und Prädikat

a) Die finite Verbform des Prädikats richtet sich in Person und Numerus nach dem Subjekt.

Beispiel *Agricola laborat.* ↔ *Agricolae laborant.*
Tu non laboras.

b) Das Prädikatsnomen richtet sich in Kasus (Nominativ), Numerus und (wenn möglich auch) Genus nach dem Subjekt.

Beispiel *Syrus servus est. Syrus et Davus servi sunt. Lydia serva est.*
Syrus parvus est. Lydia parva est.

Gehören die Subjekte verschiedenen Geschlechtern an, so richtet sich das Prädikatsnomen in der Regel nach dem Maskulinum.

Beispiel *Iuppiter, Iuno, Minerva dei sunt.*
Syrus et Lydia parvi sunt.

c) Ist das Subjekt ein Pronomen, so richtet es sich im Lateinischen (nicht aber im Deutschen!) in Genus und Numerus nach dem Prädikatsnomen.

Beispiel *Haec mea culpa est.* – Das (nicht „diese"!) ist meine Schuld.

15.3 Der erweiterte Satz

Der Satzkern (vgl. Kap. 15.1) kann durch **Objekt** („Prädikats-Ergänzung"), **adverbiale Bestimmung** („Umstandsbestimmung"), **Attribut** („Beifügung") und **Prädikativum** erweitert sein.
Dabei geben Objekte an, worauf sich die Prädikatshandlung bezieht. Adverbiale Bestimmungen machen nähere Angaben zu den Umständen der Prädikatshandlung. Attribute erläutern Nomina näher. Prädikativa erfüllen die Aufgabe von adverbialer Bestimmung und Attribut gleichzeitig.

a) **Objekt** kann sein:
- ein Substantiv im Akkusativ (Frage: Wen oder Was?), Dativ (Frage: Wem?), Genitiv (Frage: Wessen?) oder Ablativ (diverse Fragen).
  Genitiv- und Ablativ-Objekte sind jedoch sehr selten (vgl. Kap. 19.5; 22.1). Verben, die ein Akkusativobjekt bei sich haben können, nennt man **transitiv**; Verben, die das nicht können, nennt man **intransitiv**.
- ein Präpositionalobjekt,
  Beispiel *de vita cogitare* – über das Leben nachdenken
- ein Infinitiv (vgl. Kap. 23.1),
- ein AcI (vgl. Kap. 23.2),
- ein Nebensatz (vgl. Kap. 25.3).

b) **Adverbiale Bestimmung** (Fragen: Wo?, Womit?, Wann?, Woher?, ...) kann sein:
- ein Adverb,
  Beispiel *hodie* – heute
- ein Substantiv mit Präposition,
  Beispiel *in Italiam* – nach Italien

- ein Substantiv ohne Präposition,

Beispiel *eo tempore* – zu dieser Zeit
tres annos – drei Jahre lang
- ein Participium coniunctum (vgl. Kap. 23.7),
- ein Ablativus absolutus (vgl. Kap. 23.8),
- ein Nebensatz (vgl. Kap. 25.3).

c) **Attribut** (Frage: Was für (ein) ... ?) kann sein:
- ein Adjektiv (im weitesten Sinne, d. h. auch Numeralien und Partizipien) (vgl. Kap. 15.5),

Beispiel *populus Romanus* – das römische Volk
tres milites – drei Soldaten
puella amata – das geliebte Mädchen
- ein Substantiv im Genitiv („Genitiv-Attribut"),

Beispiel *gladius militis* – das Schwert des Soldaten
equus Caesaris – Caesars Pferd
- ein Substantiv im gleichen Kasus wie das Beziehungswort („Apposition"),

Beispiel *Syrus servus* – der Sklave Syrus
- ein Nebensatz (vgl. Kap. 25.3).

d) **Prädikativum** kann sein:
- ein Adjektiv (im weitesten Sinne, d. h. auch Numeralien und Partizipien),
- ein Substantiv, das v. a. den seelischen oder körperlichen Zustand näher charakterisiert.

Beispiel *Hannibal puer Carthagine exiit, senex in patriam revertit.* – Hannibal verließ Karthago als Knabe, als alter Mann kehrte er in seine Heimat zurück.
Caesar victor Romam rediit. – Caesar kehrte als Sieger nach Rom zurück.
Milites laeti domum redierunt. – Die Soldaten kehrten fröhlich („als fröhliche [Menschen]") nach Hause zurück.

Formal stimmt ein Prädikativum – wie ein Attribut – mit einem Nomen überein (vgl. Kap. 15.5), **inhaltlich** erläutert es aber – wie eine adverbiale Bestimmung – die Prädikatshandlung näher.

15.4 Das Satzmodell

Die Beziehungen der Satzglieder zueinander kann man in einem Satzmodell grafisch veranschaulichen.

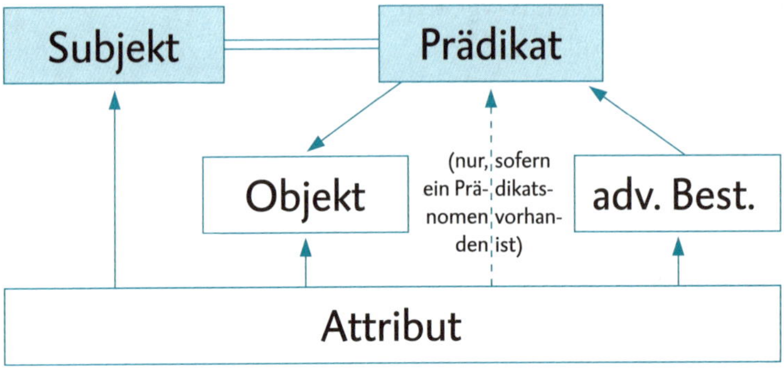

15.5 Adjektivische Attribute

Ein Adjektiv als Attribut stimmt in **K**asus, **N**umerus und **G**enus mit seinem Beziehungswort überein – **„KNG-Kongruenz"**.

Beispiel *servus bonus, agricola bonus, miles bonus*
(im Akkusativ:) *servum bonum, agricolam bonum, militem bonum*

Adjektivische Attribute stehen im Lateinischen oft **nach** ihrem Beziehungswort. Tritt eine Präposition hinzu, so steht sie häufig **zwischen** dem Attribut und seinem Beziehungswort.

Beispiel *magno cum labore* – mit großer Mühe

16 Kasuslehre: Vorbemerkung

Die Regeln der Kasuslehre fassen zusammen, wozu Nomina in den einzelnen Kasūs im Satz verwendet werden können. Im Vergleich zum Deutschen hat das Lateinische weitaus mehr Möglichkeiten, z. B. bestimmte Sinnrichtungen der adverbialen Bestimmung allein durch die Wahl eines bestimmten Kasus für das Nomen auszudrücken; im Deutschen sind stattdessen oft präpositionale Ausdrücke erforderlich.

Beispiel *Gladio pugnat.* – Er kämpft mit dem Schwert.

Kasusfunktionen, die deutschen Muttersprachlern erfahrungsgemäß Probleme bereiten, sind im Folgenden mit dem Zeichen ▶ markiert.

17 Kasuslehre: Der Nominativ

Das Subjekt eines Satzes steht stets im Nominativ (Frage: Wer oder was?); ebenso Prädikatsnomina, Attribute und Prädikativa, die sich auf das Subjekt beziehen.

Beispiel *Lucius laborat.* – Lucius arbeitet.
Syrus servus est. – Syrus ist ein Sklave.

18 Kasuslehre: Der Vokativ

Der Vokativ ist der Anrede-Fall.

Beispiel *Audi, Marce!* – Höre, (o) Marcus!
Causam mihi dicite, pueri! – Sagt mir den Grund, (ihr) Jungen!

19 Kasuslehre: Der Genitiv

19.1 Genitivus possessivus

Der **Genitivus possessivus** (vgl. Dativus possessivus, Kap. 20.3) kennzeichnet den Besitzer; manchmal den Träger einer Pflicht (Frage: Wessen? bzw. Wessen Pflicht ist es?).

- als Attribut,
  Beispiel *Equus Marci celer est.* – Marcus' Pferd ist schnell.
- als Prädikatsnomen (Eigentum),
  Beispiel *Equus Marci est.* – Das Pferd ist Eigentum des Marcus./Das Pferd gehört Marcus.
- ▶ als Prädikatsnomen (Pflicht).
  Beispiel *Servorum est domino parere.* – Pflicht der Sklaven ist es, dem Herrn zu gehorchen.

19.2 Genitivus qualitatis

Der **Genitivus qualitatis** (synonym dazu: Ablativus qualitatis, vgl. Kap. 22.1) kennzeichnet eine Eigenschaft (Frage: Von welcher Eigenschaft?).
Er wird übersetzt mit „von“ oder durch ein Adjektiv. Der Genitivus qualitatis wird verwendet

- als Attribut,

Beispiel *servus magnae stultitiae* – ein Sklave von großer Dummheit/ein sehr dummer Sklave

- als Prädikatsnomen.

Beispiel *Salomo magnae sapientiae erat.* – Salomo war von großer Weisheit/sehr weise.

19.3 Genitivus partitivus

Der **Genitivus partitivus** (= Attribut) kennzeichnet eine Gesamtheit, von der das Beziehungswort einen Teil angibt (Frage: Wovon?).

Beispiel *multi servorum* – viele der Sklaven
quod auri in urbe fuit – (das,) was an Gold in der Stadt gewesen ist
nihil novi – (nichts des Neuen:) nichts Neues
ubi terrarum – wo (in aller) Welt

19.4 Genitivus subiectivus – Genitivus obiectivus

Besonders bei Substantiven, die von Verben abgeleitet sind, kann ein Genitiv-Attribut entweder den Handelnden bezeichnen (Gen. subi.) oder aber denjenigen, auf den sich die Handlung richtet (Gen. obi.).

Beispiel *Amor amici magnus est.*

- Gen. subi.: Die Liebe des Freundes ist groß.
  (= Der Freund (Subjekt) liebt. → Gen. subi.)
- Gen. obi.: Die Liebe zum Freund ist groß.
  (= Man liebt den Freund (Objekt). → Gen. obi.)

Der Gen. obi. muss durch einen Präpositionalausdruck übersetzt werden.
Schwieriger zu analysieren ist das Zustandekommen solcher Genitivi obiectivi wie z. B. *bellum Helvetiorum* (der Krieg gegen die Helvetier) oder *signum pugnae* (das Zeichen zum Kampf).

19.5 Seltenere Kasusfunktionen des Genitivs

- **Genitiv-Objekt**, v. a. bei den Verben *meminisse* (sich erinnern) und *oblivisci* (vergessen).

Beispiel *Paene tui oblitus sum.* – Fast hätte ich dich vergessen.

- Genitiv-Objekt bei gewissen **unpersönlichen Ausdrücken**, z. B. *me pudet* (ich empfinde Verdruss) und *me miseret* (ich empfinde Mitleid).

Beispiel *Pudet me stultitiae meae.* – Ich ärgere mich über meine Dummheit.

- Genitiv-Objekt bei einigen **Verben der Gerichtssprache**, z. B. *accusare* (anklagen) und *damnare* (verurteilen).

Beispiel *Proditionis accusatus est.* – Er ist wegen Verrats angeklagt worden.
Capitis damnatus est. – Er wurde zum Tode („um den Kopf") verurteilt.

- **Genitiv-Attribut** bei einigen Adjektiven, z. B. *cupidus* (begierig), *peritus* (erfahren), *imperitus* (unerfahren), *potens* (mächtig), *plenus* (voll).

Beispiel *cupidus gloriae* – gierig nach Ruhm, ehrgeizig
peritus iuris – erfahren im Recht, rechtskundig

In ähnlicher Weise kann der Genitiv auch beim Partizip Präsens Aktiv (PPA) stehen.

Beispiel *Romani patriae amantes erant.* – Die Römer waren vaterlandsliebend.

- Genitiv-Attribut zur präziseren Definition **(Genitivus explicativus)**.

Beispiel *flos rosae* – die Blume Rose
nomen Platonis – der Name Plato
propter eam causam sceleris eius – aus diesem Grunde, das heißt, wegen seines Verbrechens

- Genitiv als Prädikatsnomen zur Angabe eines Wertes **(Genitivus pretii)**.

Beispiel *Hic liber mihi magni est.* – Dieses Buch ist mir teuer/hat großen Wert für mich.

20 Kasuslehre: Der Dativ

20.1 Dativ-Objekt

Manche Verben regieren ein Dativ-Objekt (Frage: Wem?).

Beispiel *Syrus domino paret.* – Syrus gehorcht dem Herrn.
Romani orbi terrarum imperabant. – Die Römer beherrschten die Welt.

Manche Verben fordern ein Dativ- und ein Akkusativ-Objekt (vgl. Kap. 21.1).

Beispiel *Marcus Syro negotium dat.* – Marcus gibt (dem) Syrus eine Aufgabe.

20.2 Dativus commodi – Dativus incommodi

Der **Dativus commodi** bzw. **Dativus incommodi** kennzeichnet den Nutznießer/Benachteiligten der Prädikatshandlung (Frage: Zu wessen Nutzen/Nachteil?).

Beispiel *Non scholae, sed vitae discimus.* – Wir lernen nicht für die Schule (Dat. incomm.), sondern für das Leben (Dat. comm.).

20.3 Dativus possessivus

▸ Der **Dativus possessivus** (= Prädikatsnomen; vgl. Gen. possessivus, Kap. 19.1) kennzeichnet den Besitzer (Frage: Wem gehört …?).

Beispiel *Marco equus est.* – (Dem) Marcus (ist =) gehört ein Pferd./Marcus hat ein Pferd.

20.4 Dativus finalis

Der **Dativus finalis** (= adverbiale Bestimmung des Zwecks) kennzeichnet den Zweck (Frage: Wozu?).

Beispiel *Auxilio venite!* – Kommt zu Hilfe!

▸ Oft steht der Dativus finalis als doppelter Dativ gemeinsam mit einem Dativus commodi/incommodi (vgl. Kap. 20.2).

Beispiel *Equus Marco gaudio est.* –
Das Pferd ist für (den) Marcus (Dat. comm.) zur Freude (Dat. fin.) da./
Das Pferd macht/bereitet Marcus Freude.

Via militibus labori est. –
Der Weg ist für die Soldaten (Dat. incomm.) zur Mühe (Dat. fin.) da./
Der Weg macht/bereitet den Soldaten Mühe.

20.5 Dativus auctoris

Der **Dativus auctoris** kennzeichnet den Handelnden beim Gerundivum (vgl. Kap. 23.5, b)

Beispiel *Patria nobis liberanda est.* – Wir müssen das Vaterland befreien.

21 Kasuslehre: Der Akkusativ

21.1 Akkusativ-Objekt

Viele Verben (sog. transitive Verben) erfordern ein Akkusativ-Objekt (Frage: Wen oder Was?).

Beispiel *Marcus equum videt.* – Marcus sieht ein Pferd.
Caesar Helvetios secutus est. – Caesar folgte den Helvetiern.

21.2 Der doppelte Akkusativ

Bei manchen Verben steht ein doppelter Akkusativ. Dabei handelt es sich meist um Objekte.

Beispiel *Herophilus nos linguam Graecam docet.* –
Herophilus lehrt uns (wen?) die griechische Sprache (was?).

Plinius mundum deum putat. –
Plinius hält die Welt (wen?) für einen Gott (wofür?).

Romani Ciceronem consulem creant. –
Die Römer wählen Cicero (wen?) zum Konsul (wozu?).

21.3 Der Akkusativ der Richtung

Der Akkusativ der Richtung ist eine adverbiale Bestimmung (Frage: Wohin?).

Beispiel *Marcus in forum Romanum currit.* – *Marcus läuft aufs Forum.*
▶ *Romam* – nach Rom
domum – nach Hause

Oft ist die lateinische Vorstellung von Ort und Richtung von der des Deutschen verschieden, *in tabulā* (Abl. loci, also „wo?“) *ponere* ↔ auf den Tisch (Akk., also „wohin?“) legen.

21.4 Der Akkusativ der Ausdehnung in Zeit und Raum

Der Akkusativ der Ausdehnung in Zeit und Raum ist eine adverbiale Bestimmung (Fragen: Wie lange? Wie weit? Wie tief? usw.).

Beispiel *Multos annos bellabant.* – Sie führten viele Jahre (lang) Krieg.
Domus multos passūs longa erat. – Das Haus war viele Schritte lang.

21.5 Der Akkusativ als Subjekt

Im AcI (vgl. Kap. 23.2) steht der Akkusativ in der Funktion eines Subjekts.

Beispiel *Marcus Syrum laborare scit.* – Marcus weiß, dass Syrus arbeitet.

21.6 Der Akkusativ des Ausrufs

Beispiel *Heu, me miserum!* – Ach, ich Armer!
O, me stultum! – Oh, ich Dummkopf!

22 Kasuslehre: Der Ablativ

22.1 Allgemeines

Der Ablativ ist der für adverbiale Bestimmungen des Lateinischen prädestinierte Kasus. Als ein anderes Satzglied kommt er nur in folgenden Fällen vor:

▸
- Wenige Verben erfordern ein **Ablativ-Objekt**, z. B. *uti* – gebrauchen, *opus est* – (etwas) ist nötig und *potiri* – sich bemächtigen.

  Beispiel *Galliā potitus est.* –
  Er hat sich Galliens bemächtigt/Gallien in seine Gewalt gebracht.
- Im Ablativus absolutus (vgl. Kap. 23.8) übernimmt der Ablativ die Funktion eines **Subjekts**.

  Beispiel *Troiā deleta Graeci in patriam navigaverunt.* –
  Nachdem Troja zerstört war, segelten die Griechen in ihre Heimat.
- Wie der Genitivus qualitatis (vgl. Kap. 19.2) kann auch der Ablativ zur Angabe einer Eigenschaft als **Prädikatsnomen** stehen.

  Beispiel *Socrates philosophus magnā sapientiā erat.* –
  Der Philosoph Sokrates war von großer Weisheit/sehr weise.

22.2 Der Ablativ als adverbiale Bestimmung

Art der adv. Bestimmung	kennzeichnet	auf die Frage	Beispiel
Ablativus loci	*Ort*	*Wo?*	Servi in agro sunt. – *Die Sklaven sind auf dem Feld.* eo loco – *an diesem Ort;* ▶ Romae – *in Rom;* ▶ domi – *zu Hause*
Ablativus temporis	*Zeitpunkt*	*Wann?*	Nona hora cenat. – *Er speist zur neunten Stunde.* eo tempore – *zu dieser Zeit, damals;* anno Domini (A. D.) – *im Jahre des Herrn*
Ablativus instrumentalis	*Mittel/ Werkzeug*	*Womit? Wodurch?*	Copiae flumen navibus transierunt. – *Die Truppen überquerten den Fluss mit Schiffen.*
„Ablativus auctoris"	*Täterangabe im Passivsatz:* Iulia a patre laudata est. – *Iulia wurde vom Vater gelobt.*		
Ablativus separativus	*Trennung*	*Woher? Von wo?*	Servi e villa currunt. – *Die Sklaven laufen aus dem Haus.* Italiam hostibus liberavit. – *Er hat Italien von den Feinden befreit.* ▶ Romā – *aus Rom (weg);* ▶ domo – *von zu Hause (weg)*
Ablativus modi	*Art und Weise*	*Auf welche Weise? Wie?*	magno (cum) labore – *mit großer Mühe*
Ablativus sociativus	*Begleitung*	*Mit wem zusammen?*	Marcus cum amicis ludit. – *Marcus spielt mit seinen Freunden.* cum hostibus pugnare – *mit den Feinden (= gegen die Feinde) kämpfen*
Ablativus causae	*Grund*	*Warum?*	▶ Milites metu fugerunt. – *Die Soldaten flohen aus Furcht.*
Ablativus limitationis (Abl. respectivus)	*Hinsicht; Aspekt, unter dem man etwas betrachtet*	*In welcher Hinsicht?*	▶ Helvetii ceteris Gallis virtute praestabant. – *Die Helvetier übertrafen die übrigen Gallier an (= in Hinsicht auf ihre) Tapferkeit.*
Ablativus mensurae	*Unterschied*	*Um wieviel?*	paulo celerior – *um ein Weniges/ein wenig/ etwas schneller;* paulo post – *etwas später*
Ablativus comparationis	*Ausgangspunkt bei Vergleichen*	*Als wer/was?*	▶ Elephantus equo maior est. – *Ein Elefant ist größer als ein Pferd.*
	Statt des Abl. compar. könnte auch quam *stehen:* Elephantus maior est quam equus.		
Ablativus pretii	*Preis (bei entsprechenden Verben)*	*Zu welchem Preis?*	*Hunc librum parvo emi.* – Dieses Buch habe ich für wenig Geld/billig gekauft.

23 Nominalformen des Verbs

Die Infinitive, Partizipien und Supina sowie das Gerundium und das Gerundivum eines Verbs nennt man seine **Nominalformen**, da diese z. T. dekliniert werden können und im Satz die Positionen einnehmen, die auch von „normalen“ Nomina (z. B. Substantiven) ausgefüllt werden. AcI und NcI sind Infinitiv-, Participium coniunctum und Ablativus absolutus sind Partizipialkonstruktionen.

23.1 Infinitiv

Die Infinitive eines Verbs (vgl. Kap. 8.5) können im Satz als **Objekt** und (seltener) als **Subjekt** fungieren.

Beispiel *Imperatori parere debemus.* –
Wir müssen (wen oder was?) dem Kaiser gehorchen.

Imperatori parere necesse est. –
Es ist nötig (wer oder was?), dem Kaiser zu gehorchen.

23.2 Der AcI (Accusativus cum Infinitivo)

a) Wesen des AcI:
Der AcI ermöglicht die Verknüpfung zweier Handlungen in einem Satz.

Beispiel (1) *Marcus musculum videt.*
(2) *Musculus properat.*

musculus, i *m.*

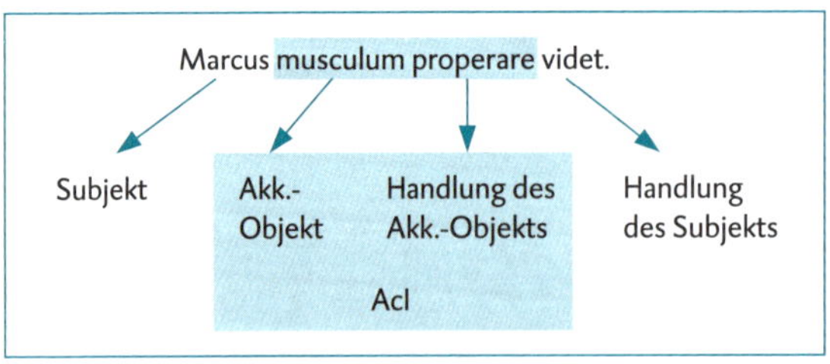

Eine solche Verknüpfung ist immer dann möglich, wenn das Prädikat des Satzes (1) (= „Rahmensatz“) ein „Kopfverb“ ist, d. h. ein **Verb des Sagens** *(dicere)*, **des Denkens** bzw. Empfindens *(scire, gaudere)* oder **der Sinneswahrnehmung** *(videre)*, oder aber wenn es einen **unpersönlichen Ausdruck** *(constat)* bildet.

b) Übersetzung des AcI:
1. Rahmensatz übersetzen.
2. Komma, *„dass ...“*.
3. Der Akkusativ des AcI wird Subjekt des „dass-Satzes“.
4. Der Infinitiv des AcI wird Prädikat des „dass-Satzes“.

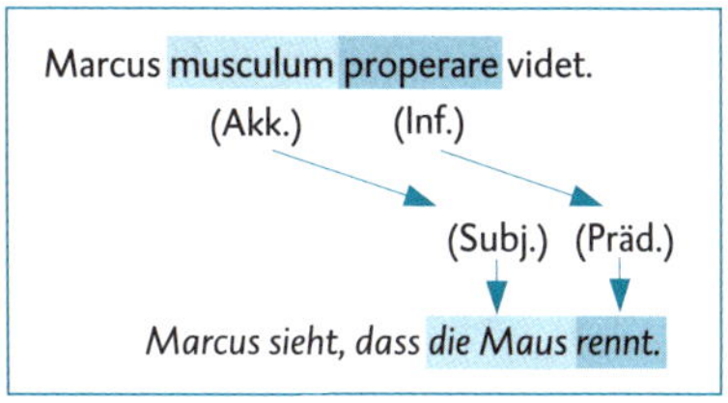

c) Erweiterungen des AcI:
Der AcI kann durch andere Satzglieder erweitert sein, die dann in der Regel zwischen den Akkusativ und den Infinitiv treten.

Beispiel *Marcus musculum parvum* (= Attribut) *per aulam* (= adverb. Best.) *properare videt.*

d) Zeitverhältnisse im AcI:
Durch die Wahl des Tempus beim Infinitiv des AcI wird angegeben, in welchem **zeitlichen Verhältnis** die AcI-Handlung zur Handlung des Rahmensatzes steht.

Zeitverhältnisse im AcI		
Marcus musculum **properare** scit. *Marcus weiß (jetzt), dass die Maus rennt (jetzt).*	Infinitiv des AcI = **Infinitiv Präsens**	**Gleichzeitigkeit** der Handlungen von AcI und Rahmensatz
Marcus musculum **properavisse** scit. *Marcus weiß (jetzt), dass die Maus gerannt ist (früher).*	Infinitiv des AcI = **Infinitiv Perfekt**	**Vorzeitigkeit** der AcI-Handlung zur Handlung des Rahmensatzes
Marcus musculum **properaturum esse** scit. *Marcus weiß (jetzt), dass die Maus rennen wird (später).*	Infinitiv des AcI = **Infinitiv Futur**	**Nachzeitigkeit** der AcI-Handlung zur Handlung des Rahmensatzes

c) Das Reflexivpronomen im AcI:
Steht ein Reflexivpronomen (vgl. Kap. 6.2; 6.4) im AcI, so bezieht sich dieses in aller Regel auf das Subjekt des AcI-auslösenden Satzes (= Rahmensatz) zurück.

Beispiel *Cicero Caesari scripsit se imperatorem fuisse.* – Cicero schrieb Caesar, dass er (= Cicero!) Befehlshaber gewesen sei.

f) Relativische Verschränkung:
Wird ein AcI vom Prädikat eines Relativsatzes abhängig gemacht, so wird dieser Relativsatz damit zu einem (mit einem AcI) verschränkten Relativ-

satz, z. B. kann so das den Relativsatz einleitende Relativpronomen (vgl. Kap. 6.10) gleichzeitig zum Akkusativ eines AcI werden.

Musculus, quem per aulam properavisse scis, rediit.
A I
Relativsatz mit AcI

Eine solche Verschränkung muss man im Deutschen auflösen. Übersetzungsmöglichkeiten sind **„von + Relativsatz + dass …"** oder **Parenthese** (Einschub).

Beispiel *Musculus, quem per aulam properavisse scis, rediit.* – Die Maus (von der du weißt, dass sie durch den Hof gerannt ist =) die – wie du weißt – durch den Hof gerannt ist, ist wieder da.

23.3 Der NcI (Nominativus cum Infinitivo)

Treten die AcI-auslösenden Verben (des Sagens, Denkens usw.) ins Passiv, so wird aus dem AcI ein NcI.

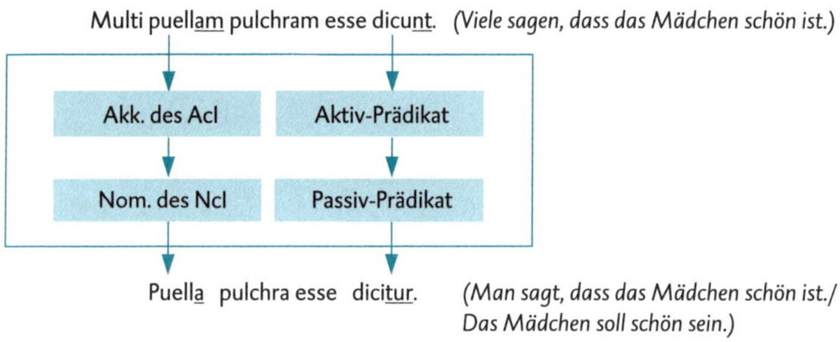

Auch der NcI kann mit einem Relativsatz verschränkt sein (vgl. Kap. 23.2, f).

Beispiel *Karthago, quae a Poenis condita esse traditur, urbs magna erat.* – Karthago, (von dem überliefert wird, dass es von den Phöniziern gegründet wurde =) das – nach der Überlieferung – von den Phöniziern gegründet wurde, war eine große Stadt.

Das Verb **videri** kann nicht nur als „gesehen werden", sondern oft auch aktivisch als „scheinen" übersetzt werden.

23.4 Die Supina

Das **Supinum I** (auf *-tum*) gibt einen Zweck an.

Beispiel *Gratulatum venerunt.* – Sie kamen, um zu gratulieren.

Das **Supinum II** (auf *-tu*) steht meist bei Adjektiven und entspricht hier dem deutschen „zu".

Beispiel *Difficile est dictu.* – Es ist schwer zu sagen.
Rem auditu crudelem! – Was für eine schrecklich anzuhörende Geschichte!

23.5 Die nd-Formen: Gerundium und Gerundivum

a) **Das Gerundium** (**Verbalsubstantiv**, z. B. *amandi*) entspricht in etwa dem deutschen substantivierten Infinitiv.

Nom.	*amare*	das Lieben
Gen.	*amandī*	des Liebens/zu lieben
(Dat.	*amandō*	dem Lieben)
Akk.	*ad amandum*	(um) zu lieben
Abl.	*amandō*	durch das Lieben
	in amandō	beim Lieben

Es hat seinen Verbalcharakter aber insoweit bewahrt, dass es nicht durch Attribute, sondern durch adverbiale Bestimmungen näher erläutert wird und Objekte bei sich haben kann.

Beispiel *saepe cadendo* – durch häufiges Fallen
in agros colendo – beim Bebauen der Felder

b) **Das Gerundivum** (**Verbaladjektiv**, z. B. *amandus, a, um* – dekliniert wie ein Adjektiv nach der a-/o-Deklination, vgl. Kap. 5.2, *magnus*) ist in seinen obliquen Kasus (also Genitiv bis Ablativ) synonym zum Gerundium; es tritt hier meist an dessen Stelle, wenn Objekte abhängig sind. So heißt es z. B. statt *in agros colendo* viel häufiger *in agrīs colendīs*, ohne dass sich dadurch die Bedeutung „beim Bebauen der Felder" ändern würde.
Steht das Gerundivum aber **als Prädikatsnomen** (also im Nominativ bei einer Form von *esse*), so drückt es eine **Notwendigkeit** aus (sog. Gerundivum necessitatis). Bei positiver Bedeutung besagt es, dass etwas getan werden muss, mit Negation, dass etwas nicht getan werden darf. Man beachte den stets **passivischen** („getan werden") Charakter!
Wird derjenige genannt, der etwas tun muss bzw. nicht tun darf, steht er im **Dativus auctoris** (vgl. Kap. 20.5).

Beispiel *Pacta sunt servanda.* – Verträge muss man einhalten.
Iniuria non toleranda est. – Unrecht darf man nicht (er-)dulden.
Dei hominibus timendi sunt. – (Die Götter müssen von den Menschen gefürchtet werden =) Die Menschen müssen die Götter fürchten.

Wird ein Satz mit dem Gerundivum necessitatis als **AcI** in einen anderen Satz eingegliedert, treten das ehemalige Subjekt und somit – nach der KNG-Kongruenz (vgl. Kap. 15.2, b) – auch sein Prädikatsnomen zwar in den Akkusativ, die Bedeutung „muss/darf nicht getan werden" bleibt aber dennoch erhalten.

Beispiel *Iniuriam non tolerandam esse constat.* – Es steht fest, dass man Unrecht nicht (er-)dulden darf.

Bei den **Verben des Übernehmens und Übergebens** steht der Akkusativ des Gerundivums auch ohne *ad* zur Angabe des Zwecks.

Beispiel *Pater mihi libros suos legendos dedit.* – Vater gab mir seine Bücher zum Lesen.
Caesar pontem in flumine faciendum curavit. – Caesar (kümmerte sich darum/sorgte dafür, dass eine Brücke über den Fluss gebaut wurde =) ließ eine Brücke über den Fluss bauen.

23.6 Partizipien

Die drei Partizipien des Lateinischen (vgl. Kap. 8.5) finden Verwendung als:

- **Prädikatsnomen** (d. h. als Bestandteil von mit *esse* zusammengesetzten Verbformen):

Beispiel *Puella amata est.* – Das Mädchen ist geliebt worden/wurde geliebt.

- **Attribut**:

Beispiel *Puella amans felix est.* – Das liebende Mädchen ist glücklich.
Wie adjektivische Attribute können auch attributive Partizipien als Prädikativum verwendet sein (vgl. Kap. 15.3, d).

Beispiel *Hostes fugientes arma reliquerunt.* – Die fliehenden Feinde ließen ihre Waffen zurück./Die Feinde ließen auf der Flucht ihre Waffen zurück.

- **Participium coniunctum** (Kap. 23.7; 23.9):

Beispiel *Puella a Marco amata nobis nota est.* – Das von Marcus geliebte Mädchen ist uns bekannt.

- **Ablativus absolutus** (Kap. 23.8 f.):

Beispiel *Puella amante Marcus felix est.* – Weil das Mädchen (ihn) liebt, ist Marcus glücklich.

23.7 Das Participium coniunctum (P. c.)

Als P. c. bezeichnet man ein (formal) attributiv verwendetes Partizip, das jedoch durch adverbiale Bestimmungen oder Objekte erweitert ist und (dem Sinn nach) auch selbst oft adverbialen Charakter besitzt. Da das P. c. formal als Attribut verwendet wird, hat sein Partizip immer ein anderes Satzglied (meist das Subjekt oder Objekt) des Satzes als Beziehungswort, mit dem es nach den Regeln der Kongruenz (vgl. Kap. 15.5) übereinstimmt.

Beispiel *Troia deleta* (Partizip als Attribut) ↔ *Troia a Graecis deleta* (durch die Angabe des Täters [= adv. Best.] erweitertes attributives Partizip = P. c.)

Übersetzungsmöglichkeiten für das P. c. *Troia a Graecis deleta:*

- Relativsatz: Troja, **das** von den Griechen zerstört wurde, …
- Konjunktionalsatz: **Weil**/**Obwohl**/… Troja v. d. Gr. zerstört wurde, …
- beigeordneter Hauptsatz: Troja wurde von den Griechen zerstört **und** (**deshalb**/**dennoch**/…) …
- Substantivierung (mit Präpositionalausdruck): **Aufgrund**/**Trotz** der Zerstörung Trojas durch die Griechen …
- deutsches Partizip: Das von den Griechen **zerstörte** Troja …

23.8 Ablativus absolutus (Abl. abs.)

Im Unterschied zum P. c. ist das Beziehungswort des Partizips im Abl. abs. kein Satzglied des Restsatzes, sondern ein Wort im Ablativ, das losgelöst („absolut") vom Restsatz steht.

Beispiel |*Troiā deletā*| *Graeci in patriam navigaverunt.*

Übersetzungsmöglichkeiten für den Abl. abs. *Troiā deletā:*

- Konjunktionalsatz: **Nachdem** … *(fürs PPP)*, **Als** … *(fürs PPA)*, **Weil** …, **Obwohl** … usw.
- beigeordneter Hauptsatz: … **und** (**deshalb**/**dennoch**/…) …
- Substantivierung (mit Präpositionalausdruck): **Nach**/**Aufgrund**/**Trotz** der Zerstörung Trojas …

Da die Verbindung des Abl. abs. mit dem Restsatz lediglich inhaltlicher, nicht aber grammatischer Natur ist, darf man auch bei der Übersetzung kein Wort aus dem Abl. abs. grammatisch in den Restsatz einbeziehen!

Manchmal ist das Partizip eines Abl. abs. durch ein verwandtes Nomen ersetzt (sog. **nominaler Abl. abs.**).

Beispiel *Caesare duce* – unter Caesars Führung
Hannibale vivo – zu Lebzeiten Hannibals
me invito – gegen meinen Willen

23.9 Zeitverhältnisse in Partizipialkonstruktionen

Ähnlich wie die Infinitive des AcI (vgl. Kap. 23.2, d) geben auch die Partizipien in P. c. und Abl. abs. kein absolutes Tempus, sondern das Zeitverhältnis zwischen Partizipialhandlung und Restsatz-Handlung an.

Troia ***deleta*** *...*	Partizip des Abl. abs. = Partizip **Perfekt** Passiv → **Vorzeitigkeit:** Handlung des Abl. abs. verlief vor der Handlung des Restsatzes: **Nachdem** Troja zerstört war, ...
Imperatore ***ridente*** *...*	Partizip des Abl. abs. = Partizip **Präsens** Aktiv → **Gleichzeitigkeit:** Handlung des Abl. abs. und Handlung des Restsatzes verlaufen zur selben Zeit: **Als** der Kaiser lachte, ...

24 Genus-, Modus- und Tempusgebrauch

24.1 Genusgebrauch

Im Verhältnis zum Deutschen begegnet das **Passiv** im Lateinischen sehr oft. Seine Wiedergabemöglichkeiten sind: 1. deutsches Passiv, 2. deutsches Aktiv, 3. reflexiv („sich“), 4. unpersönlich („man“), 5. „lassen“.

24.2 Modus- und Tempusgebrauch

Vor der Betrachtung der Tempusverwendung bei den Verben ist zuerst der Modus des Prädikats zu berücksichtigen, da die indikativischen Prädikate ihr Tempus zumeist tatsächlich nach temporalen, die konjunktivischen das ihre aber größtenteils nach formalen Gesichtspunkten erhalten.
Die folgende Tabelle stellt den Modusgebrauch in lateinischen Sätzen der direkten Rede (Oratio recta) zusammen; die Satzarten sind ab Kap. 25.2 einzeln behandelt. Zur indirekten Rede (Oratio obliqua) vgl. Kap. 25.6.

	Indikativ
Hauptsätze	Aussagesätze, Fragesätze, Ausrufe
Nebensätze	Relativsätze (zumeist), Temporalsätze (z. T.), reale Konditionalsätze („Wenn-dann-Tatsachen“), Kausalsätze (z. T.), Konzessivsätze (z. T.), Komparativsätze
	Konjunktiv
Hauptsätze	Begehrsätze, Möglichkeit (Potentialis) und Unwirklichkeit (Irrealis)
Nebensätze	indirekte Fragen, Relativsätze (mit Nebensinn), Kausalsätze (z. T.), Temporalsätze (z. T.), potentiale und irreale Konditionalsätze, Konzessivsätze (z. T.), Finalsätze, Konsekutivsätze, Adversativsätze

24.3 Tempusverwendung in indikativischen Sätzen

(vgl. hierzu auch das **Tempusrelief** der Textgrammatik, S. 85)

- **Präsens**
  - allgemeine Aussagen
  - gegenwärtiges Geschehen
  - historisches Präsens: lebhafte Schilderung vergangenen Geschehens
  - historischer Infinitiv: Ausdruck höchster Spannung (Höhe- oder Wendepunkt) bei der Schilderung vergangenen Geschehens
- **Futur I**
  - künftiges Geschehen („logische Nachzeitigkeit")
  - voluntatives Futur: Ausdruck der Absicht
- **Perfekt**
  - vergangenes Geschehen
    (Das Perfekt ist das Erzähltempus des Lateinischen.)
- **Imperfekt**
  - Schilderung eines vergangenen Zustandes (Ausgangssituation), in den das Geschehen (im Perfekt) einsetzt
  - wiederkehrendes Geschehen (Sitten, Gewohnheiten, …) der Vergangenheit
  - lediglich versuchte Handlungen in der Vergangenheit (sog. *imperfectum de conatu*)
- **Plusquamperfekt**
  - Vorzeitigkeit gegenüber der Vergangenheit („vorvergangen")
- **Futur II**
  - Vorzeitigkeit gegenüber der Zukunft („vorkünftig")

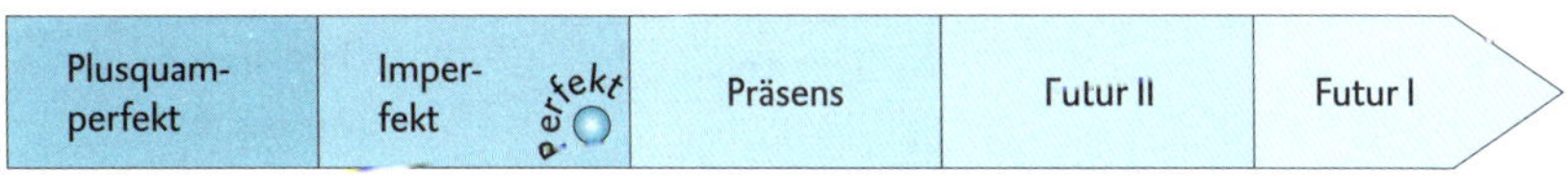

24.4 Tempusverwendung in konjunktivischen Hauptsätzen

a) **Optativ/Jussiv** (Wunsch/Aufforderung), **Hortativ** (Selbstaufforderung)

- Konj. Präsens (manchmal Konj. Perfekt)

Beispiel

Valeas! – Du mögest gesund sein!
Adveniat regnum tuum! – Dein Reich komme!
Gaudeamus igitur! – Also lasst uns fröhlich sein!

b) **Potentialis** (Möglichkeit)
- Konj. Präsens (manchmal Konj. Perfekt)

Beispiel *Hoc credas.* – Du glaubst das vielleicht.
Dicat aliquis ... – Es könnte jemand sagen ...

c) **Irrealis** (Unmöglichkeit/pure Phantasie)
- Irrealis der Gegenwart: Konj. Imperfekt

Beispiel *Dicerem* ... – Ich würde sagen ...
- Irrealis der Vergangenheit: Konj. Plusquamperfekt

Beispiel *Dixissem* ... – Ich hätte gesagt ...

d) **Unerfüllbare Wünsche** (eingeleitet mit *utinam*, *vellem/nollem/mallem*)
- unerfüllbarer Wunsch der Gegenwart: Konj. Imperfekt

Beispiel *Utinam te viderem.* – Wenn ich dich doch sehen könnte.
- unerfüllbarer Wunsch der Vergangenheit: Konj. Plusquamperfekt

Beispiel *Utinam te vidissem.* – Wenn ich dich doch gesehen hätte.

e) **Obliquus** (indirekte Rede, vgl. Kap. 25.6)
Aussagesätze der direkten Rede werden in der indirekten Rede zu AcI: ehemaliges Subjekt → Akkusativ; ehemaliges Prädikat → Infinitiv. Frage- und Befehlssätze erhalten ein konjunktivisches Prädikat nach der Consecutio temporum (vgl. Kap. 24.5).

24.5 Tempusverwendung in konjunktivischen Nebensätzen

Das Tempus konjunktivischer Nebensätze richtet sich rein formal nach der sog. **Consecutio temporum** („Zeitenfolge").

regierender Satz	abhängiger Satz		
	Gleichzeitigkeit	Vorzeitigkeit	Nachzeitigkeit
Haupttempus (Präsens, Futur I, Futur II)	Konj. Präs.	Konj. Perf.	PPP-Stamm + -urus sim
Nebentempus (Imperfekt, Perfekt, Plusquamperfekt)	Konj. Impf.	Konj. Plqpf.	PPP-Stamm + -urus essem

25 Satzarten

25.1 Innerliche Abhängigkeit

„Innerlich abhängig" sind all jene Sätze, die der Redende/Schreibende als Äußerungen oder Gedanken einer anderen Person auffasst. In allen innerlich abhängigen Sätzen gilt die Verwendung des Konjunktivs beim Prädikat nach den Regeln der Consecutio temporum (vgl. Kap. 25.6) und die Verwendung der reflexiven Pronomina (vgl. Kap. 6.2; 6.4) bei Bezug auf das Subjekt des regierenden Satzes.

Beispiel *Ariovistus ex Caesare quaesivit, quid sibi esset cum eo.* – Ariovist fragte Caesar, was er (= Ariovist) denn mit ihm (= Caesar) zu tun habe.

Sätze können in **Hauptsätze** (selbstständige Sätze) und **Nebensätze** (abhängige Sätze) eingeteilt werden.

25.2 Hauptsätze

- Aussagesätze → Indikativ

  Beispiel *Syrus laborat.* – Syrus arbeitet.

  Bezeichnet ein Aussagesatz aber eine Möglichkeit oder Unmöglichkeit, so steht er im Konjunktiv (vgl. Kap. 24.4, b, c). Gibt er die Gedanken eines anderen wieder, wird er zum AcI (indirekte Rede, vgl. Kap. 25.6).

- Begehrsätze → Konjunktiv

  Beispiel *Syrus laboret.* – Syrus soll/möge arbeiten.

  Hierunter fallen Optativ, Jussiv und Hortativ sowie die unerfüllbaren Wunschsätze (vgl. Kap. 24.4, a, d).

- Fragesätze → Indikativ

  Beispiel *Cur Syrus laborat?* – Warum arbeitet Syrus?

  In **Wortfragen** leitet ein Fragewort den Satz ein; als Antwort ist ein ganzer Satz nötig. **Satzfragen** enthalten kein Fragewort, sondern besitzen am Satzanfang eine Partikel, die angibt, welche Antwort der Sprecher erwartet (**-ne** – Antwort ist unbekannt, **num** – erwartete Antwort: „nein", **nōnne** – erwartete Antwort: „ja"); als Antwort genügt ein „ja" oder „nein".

- Befehlssätze → Imperativ

  Beispiel *Labora, Syre!* – Arbeite, Syrus!

25.3 Nebensätze

Nebensätze unterteilt man

- **nach ihrer Einleitung** in: Relativsätze (Relativpronomen), Konjunktionalsätze (Konjunktion) und indirekte Fragen (Fragewort).
- **nach ihrer Funktion im Satz** in: Subjektsätze, Objektsätze, Attributsätze, Adverbialsätze.
- **nach ihrer Stellung gegenüber dem Hauptsatz** in: Nebensätze 1., 2., 3. (usw.) Grades.

25.4 Relativsätze

Relativsätze werden durch ein Relativpronomen (vgl. Kap. 6.10) eingeleitet, das in Genus und Numerus mit seinem Beziehungswort im übergeordneten Satz übereinstimmt; der Kasus des Relativpronomens ergibt sich aus seiner Satzgliedfunktion im Relativsatz.

Beispiel *Vir, quem vides, gladiator est.* – Der Mann, den (Relativpronomen = Akk.-Objekt des Relativsatzes) du siehst, ist ein Gladiator.

Möchte der Redner/Schreiber dem Relativsatz einen finalen, konsekutiven, kausalen oder konzessiven **Nebensinn** geben, so setzt er das Prädikat in den Konjunktiv. Der Nebensinn muss in der Übersetzung nicht unbedingt zum Ausdruck kommen, da z. B. die Wiedergabe eines konsekutiven Nebensinns im Deutschen meist nur sehr unbeholfen möglich ist.

Beispiel *Caesar misit legatos, qui dicerent* … – Caesar schickte Gesandte, die sagen sollten … (finaler Nebensinn: der Zweck wird angegeben)
Sunt homines, qui omnes leges neglegant. – Es gibt Menschen, die alle Gesetze missachten. (konsekutiver Nebensinn: „die einen so verdorbenen Charakter besitzen, dass sie als Folge davon alle Gesetze missachten.“ Auf die Wiedergabe dieses Nebensinns wurde verzichtet.)

Zum relativischen Anschluss vgl. Kap. 6.10.
Zum verschränkten Relativsatz vgl. Kap. 23.2, f und 23.3.

25.5 Sinnrichtungen von Konjunktionalsätzen

Konjunktionalsätze haben je nach einleitender Konjunktion (vgl. Kap. 11.3) bestimmte Sinnrichtungen.

Art des Konjunktionalsatzes	Sinnrichtung	Einleitung durch	Beispiel
Finalsatz	*Absicht, Zweck*	**ut** – *dass, damit, um … zu* **nē** – *dass nicht, …*	Do, ut des. – *Ich gebe, damit du gibst.*
	Nach den Verben des Fürchtens (verba timendi) *bedeutet* **nē** *„dass“ und* **ut** *„dass nicht“.*		Timeo, ne veniat. – *Ich fürchte, dass er kommt.*
Konsekutivsatz	*Folge*	**ut** – *dass, sodass* **ut nōn** – *dass/sodass nicht*	Nemo tam prudens est, ut omnia sciat. – *Niemand ist so klug, dass er alles weiß.*
Temporalsatz	*Zeit*	**cum, dum, ubi, postquam, priusquam** usw. *(vgl. Kap. 11.3)*	Cum Caesar in Galliam venit, duae ibi factiones erant. – *Als Caesar nach Gallien kam, gab es dort zwei Parteien.*
Kausalsatz	*Grund*	**cum, quod, quia** *usw. (vgl. Kap. 11.3) – da, weil*	Vita, cum brevis sit, ratione est degenda. – *Weil das Leben kurz ist, muss es sinnvoll zugebracht werden.*
Konzessivsatz	*Einräumung („Gegengrund“)*	**cum, quamquam** usw. *(vgl. Kap. 11.3) – obwohl, obgleich, wenn auch*	Quamquam non intellego, tamen credo. – *Wenn ich es auch nicht verstehe, so glaube ich es doch.*
Konditionalsatz	*Bedingung*	**sī** – *wenn, falls* **nisi/sī nōn** – *wenn nicht, falls nicht*	
	Bei Konditionalsätzen sind die folgenden Arten zu unterscheiden: 1. **Realis** („Wenn-dann-Tatsache“): Si pluit, terra madet. – *Wenn es regnet, wird die Erde nass.* 2. **Potentialis** (Möglichkeit): Si hoc credas, stultus sis. – *Falls du das glauben solltest (möglich ist's ja!), wärest du dumm.* 3. **Irrealis** (Unmöglichkeit): Si dei essemus, beate viveremus. – *Wenn wir Götter wären (leider unmöglich!), würden wir glückselig leben.* *Realissätze stehen im Indikativ (vgl. Kap. 24.2). Potentialis- und Irrealissätze haben stets konjunktivische Prädikate, an deren Form man sie auch auseinanderhalten kann (vgl. hierzu Kap. 24.4, b, c).*		

Komparativsatz	*Vergleich*	**ut, tamquam** usw. *(vgl. Kap. 11.3) – wie*	Ut salutamus, ita resalutamur. – *Wie wir grüßen, so werden wir zurückgegrüßt.*
Adversativsatz	*Gegensatz*	**cum** – *während, wohingegen*	Is vir prudens est, cum iste stultus sit. – *Dieser Mann hier ist klug, während dieser da dumm ist.*
Faktischer quod-Satz	*Tatsache*	**quod** – *(die Tatsache,) dass*	Laudandum est, quod hos miseros adiuvas. – *Es ist löblich, dass du diesen armen Leuten hilfst.*
Modalsatz	*Art und Weise*	**cum** – *indem, dadurch, dass …*	Cum tacent, clamant. – *Indem sie schweigen, schreien sie.*

25.6 Die indirekte Rede (Oratio obliqua)

Referiert man Äußerungen oder Gedanken eines anderen, so erfolgt dies in der indirekten Rede. Dabei gelten die in der folgenden Tabelle zusammengestellten Regeln. Die Sätze einer Oratio obliqua gelten als innerlich abhängig (vgl. Kap. 25.1).

direkte Rede (Oratio recta)	indirekte Rede (Oratio obliqua)	
	Lateinisch	Deutsch
Aussagesatz Britannus dixit: „Romani raptores sunt.“	**AcI** Britannus dixit Romanos raptores esse.	**Konjunktiv I** (vgl. Kap. 25.9) *Der Britannier sagte, die Römer seien Räuber.*
Nebensatz Britannus dixit: „Romani plus cupiunt, quamquam multum habent.“	**Konjunktiv** (nach der Cons. temp., Kap. 24.5) Britannus dixit Romanos plus cupere, quamquam multum haberent.*)	**Konjunktiv I/Indikativ** *Der Britannier sagte, die Römer wollten immer mehr, obwohl sie schon viel hätten.*
Fragesatz Britannus interrogavit: „Qua re Britanniam vexatis?“	**Konjunktiv** (Cons. temp.) Britannus interrogavit, qua re Britanniam vexarent.*)	**Konjunktiv I** *Der Britannier fragte, warum sie Britannien heimsuchten.*
Befehlssatz Britannus dixit: „Abite Romam!“	**Konjunktiv** (Cons. temp.) Britannus dixit, Romam abirent.	**Konjunktiv I** (Jussiv) *Der Britannier sagte, sie sollten/mögen nach Rom zurückgehen.*

*) Entgegen den Regeln der Cons. temp. begegnet in der Oratio obliqua auch nach einem regierenden Prädikat im Nebentempus im Nebensatz nicht selten der **Konj. Präs.** oder **Konj. Perf.** Dies ist besonders oft der Fall, wenn lebhaft geschildert werden soll.

25.7 Zum Verhältnis von lateinischem Modus und deutschem Modus

Sowohl im Lateinischen als auch im Deutschen drückt der Indikativ Gegebenheiten aus, die als Tatsachen aufgefasst werden (die „Wirklichkeit“), während unwirkliche oder *noch* nicht wirkliche Dinge im Konjunktiv stehen. Die Verwendung des Konjunktivs im Lateinischen und Deutschen unterscheidet sich jedoch erheblich. Deshalb ist es für die Übersetzung konjunktivischer Sätze überaus wichtig zu erkennen, *warum* der Konjunktiv im lateinischen Satz steht (vgl. Kap. 24.2), denn davon hängt es ab, ob auch im entsprechenden deutschen Satz ein Konjunktiv angebracht ist oder nicht.

Lateinische Sätze, die ein **indikativisches Prädikat** haben, stehen auch im Deutschen in aller Regel im Indikativ.
Ausnahme: Bei Ausdrücken des **Könnens, Müssens, Sollens** usw. steht im Deutschen die „(Noch-)Nicht-Wirklichkeit“ im Vordergrund (deswegen Konjunktiv), während aus lateinischer Sicht vor allem die entsprechende Möglichkeit **real** existiert bzw. existierte (deswegen Indikativ).

Beispiel *possum multa dicere* – ich könnte noch vieles sagen
paene dixi – fast hätte ich gesagt
urbs expugnanda fuit – die Stadt hätte erobert werden müssen

25.8 Die Formen des deutschen Konjunktivs

Das Deutsche kann von jedem Tempus einen Konjunktiv bilden. Es unterteilt dabei in „Konjunktiv I“ und „Konjunktiv II“.
Insbesondere im Konjunktiv I treten dabei auch Formen auf, die dem Indikativ gleichen; sie sind in der folgenden Übersicht in Klammern gesetzt.

Konjunktiv I (gebildet aus dem Präsensstamm)							
Präsens					Perfekt		Futur
sei	(werde)	(habe)	(komme)	(liebe)	sei gewesen	(habe gehabt)	(werde sein)
seist	werdest	habest	kommest	liebest	seist gewesen	habest gehabt	werdest sein
sei	werde	habe	komme	liebe	sei gewesen	habe gehabt	werde sein
seien	(werden)	(haben)	(kommen)	(lieben)	seien gewesen	(haben gehabt)	(werden sein)
seiet	(werdet)	habet	kommet	liebet	seiet gewesen	habet gehabt	(werdet sein)
seien	(werden)	(haben)	(kommen)	(lieben)	seien gewesen	(haben gehabt)	(werden sein)

Konjunktiv II (gebildet aus dem Präteritumstamm, meist mit Umlaut)							
Präteritum					**Plusquamperfekt**		**Konditional**
wäre	würde	hätte	käme	(liebte)	wäre gewesen	hätte gehabt	würde sein
wärest	würdest	hättest	kämest	(liebtest)	wärest gewesen	hättest gehabt	würdest sein
wäre	würde	hätte	käme	(liebte)	wäre gewesen	hätte gehabt	würde sein
wären	würden	hätten	kämen	(liebten)	wären gewesen	hätten gehabt	würden sein
wäret	würdet	hättet	kämet	(liebtet)	wäret gewesen	hättet gehabt	würdet sein
wären	würden	hätten	kämen	(liebten)	wären gewesen	hätten gehabt	würden sein

25.9 Die Verwendung des deutschen Konjunktivs

a) Konjunktiv I

- **Optativ/Jussiv:** „Dein Reich komme!"/„Man nehme ein Pfund Mehl!"
- **Obliquus** (indirekte Rede, vgl. Kap. 25.6): In der indirekten Rede des Deutschen richtet sich das Tempus eines Konjunktivs nicht nach dem Tempus des übergeordneten Prädikats und auch nicht nach der absoluten Zeitstufe der Handlung, sondern einzig nach dem **Zeitverhältnis:**
  - bei Gleichzeitigkeit von Haupt- und Nebensatz: Konj. Präsens
  - bei Vorzeitigkeit des Nebensatzes zum Hauptsatz: Konj. Perfekt
  - bei Nachzeitigkeit des Nebensatzes zum Hauptsatz: Konj. Futur

In Fällen, in denen der Konj. I mit dem Indikativ formgleich ist, setzt man statt des Konj. I den Konj. II. Die populäre Umschreibung mit dem Konditional („ich würde kommen" statt „ich käme") wird mitunter noch als stilistisch unschön beurteilt.

b) Konjunktiv II

- **Irrealis** (pure Phantasie): „Wenn ich ein Vöglein wär(-e) ..."
  - Irrealis der Gegenwart: Konj. Präteritum
  - Irrealis der Vergangenheit: Konj. Plusquamperfekt
- **unerfüllbare Wünsche:** „Wär(e)st du doch in Düsseldorf geblieben!"
  - unerfüllbarer Wunsch der Gegenwart: Konj. Präteritum
  - unerfüllbarer Wunsch der Vergangenheit: Konj. Plusquamperfekt
- **Potentialis** (Möglichkeit): „Das dürfte falsch sein. Man könnte sagen, ..."

Formen des Konj. Präteritum, die dem Indikativ gleichen, dürfen nur im Hauptsatz mit dem Konditional umschrieben werden: „Wenn ich viel Geld hätte (nicht: haben würde), würde ich um die Welt reisen."

Man vergleiche zur Verwendung des lateinischen Konjunktivs Kap. 24.4.

Texterschließung, Textgrammatik, Stilistik und Rhetorik

1 Texterschließungsmethoden

Um sich die Übersetzung eines lateinischen Textes zu erleichtern, ist es ratsam, sich dem Text planvoll zu nähern, indem man ihn unter Hinzuziehung bestimmter Methoden zunächst analysiert und aufbereitet. Im Folgenden werden verschiedene dieser Methoden kurz vorgestellt. Es sei darauf hingewiesen, dass jede dieser Methoden ihre Vor- und Nachteile hat, sodass man das beste Ergebnis erzielt, indem man sie – je nach Bedarf – kombiniert.
Alle diese Methoden dienen lediglich dazu, den Text für die Übersetzung vorzubereiten; die eigentliche Übersetzungsleistung – also das Verstehen des Textes und seine Wiedergabe in angemessenem Deutsch – schließt sich stets noch an.

1.1 Die Wort-für-Wort-Methode

Arbeitsschritte

1. Abtrennen der Nebensätze durch (...)
2. Abtrennen von Wortblöcken* durch [...]
3. Markieren von Subjekt (___) und Prädikat (___)
4. „wörtliches" Übersetzen aller Wörter des Satzes

Vorteil

- relativ problemlos ausführbar, da beinahe völlig „mechanisch"

Nachteile

- mehrdeutige Formen und Vokabeln mit großem Bedeutungsumfang kaum fixierbar
- typische Erscheinungen der lateinischen Syntax (z. B. Infinitiv- und Partizipialkonstruktionen) nicht fixierbar

* Mit „Wortblock" sind hier solche Wortgruppen gemeint, die sozusagen organisch zusammengehören; dabei handelt es sich v. a. um solche Verbindungen wie „Präposition und zugehöriges Nomen" und „adjektivisches Attribut und Beziehungswort".

Beispiel

Hostes	proelio	superati,	(simulatque	se	[ex fuga]	receperunt,)	statim
die Feinde	*Schlacht (Abl.)*	*besiegt*	*sobald*	*sich (?)*	*aus der Flucht*	*(sie) haben (sich) zurückgezogen*	*sofort*

[ad Caesarem]	legatos	[de pace]	miserunt;	obsides	sese	daturos
zu Caesar	*Gesandte*	*über den Frieden*	*(sie) haben geschickt*	*Geiseln*	*sich (?)*	*(die, welche) geben werden*

polliciti sunt.
(sie) haben versprochen

1.2 Die „Konstruktionsmethode"

Arbeitsschritte

1. Abtrennen der Nebensätze durch ⟨…⟩
2. Abtrennen von Wortblöcken* durch […]
3. Markieren des **Satzkerns:** Subjekt (___) und Prädikat (===)
4. **Erfragen** der übrigen Satzteile ausgehend vom Satzkern:
   - zunächst „notwendige" Satzglieder (z. B. Objekte, AcI, …)
   - danach „freie Angaben" (adverbiale Bestimmungen, Attribute, …)

Vorteile

- relativ problemlos ausführbar
- die Satzglieder werden in ihrer Funktion für den Satz erkannt

Nachteile

- Vernachlässigung des Inhalts zugunsten der Form
- Probleme v. a. beim Erschließen der freien Angaben, da sich hier die nötigen Fragen mitunter nicht gerade „aufdrängen"

* vgl. Anm. zur Wort-für-Wort-Methode, S. 80.

Beispiel Hostes proelio superati, simulatque se ex fuga receperunt, statim ad Caesarem legatos de pace miserunt; obsides sese daturos polliciti sunt.

Die Analyse nach der „Konstruktionsmethode" könnte dann wie folgt aussehen:

Hauptsatz		
Satzkern	Subjekt: Wer oder was?	Die Feinde
	Prädikat: Was wird über die Feinde ausgesagt?	(sie) haben geschickt
notwendige Satzglieder	Wen oder was haben sie geschickt? (Akkusativ-Objekt zum transitiven Verb *mittere*)	Gesandte
	Wohin haben sie die Gesandten geschickt? (adverbiale Bestimmung der Richtung zu *mittere*)	zu Caesar
freie Angaben	Warum haben sie die Gesandten zu Caesar geschickt?	wegen des Friedens
	Was für Feinde?	(Feinde), die in der Schlacht besiegt wurden
	Wann schickten sie die Gesandten?	sofort, (sobald sie …)

Nebensatz		
Satzkern	Subjekt: Wer oder was?	(sie)
	Prädikat: Was wird über sie ausgesagt?	(sie) haben versprochen
notwendige Satzglieder	„Versprechen" ist ein Verb des Sagens. Es folgt der AcI. Wo ist der Akkusativ? Wo der Infinitiv?	dass sie … geben werden
	Wen oder was werden sie geben? (Akkusativ-Objekt zum transitiven Verb *dare*)	Geiseln

Eine Möglichkeit, den Nutzen dieser Methode zu erhöhen, besteht darin, nicht ausschließlich formal nach den einzelnen Satzgliedern zu fragen, sondern sich auch durch die Bedeutungen der Vokabeln des Satzes in den Fragen lenken zu lassen.

1.3 Die Methode des linearen Dekodierens

Arbeitsschritte

1. Abtrennen der Nebensätze durch ⟨…⟩
2. Abtrennen von Wortblöcken* durch […]
3. Unterstreichen aller **Verbalinformationen** (finite Verben mit ihren Subjekten und Partizipien mit ihren Beziehungswörtern)
4. Zuordnen der übrigen Satzteile

Vorteile

- relativ problemlos ausführbar
- Der Satz wird in der vom Autor beabsichtigten Reihenfolge erschlossen.
- Die Orientierung an den Verbalinformationen schafft einen zuverlässigen „roten Faden" und schützt so u. a. davor, den Sinn des Satzes völlig misszuverstehen.

Nachteil

- In manchen Sätzen sagen die Nominalinformationen mehr über den Inhalt aus als die Verbalinformationen.

* vgl. Anm. zur Wort-für-Wort-Methode, S. 80.

Beispiel Hostes proelio superati, simulatque se ex fuga receperunt, statim ad Caesarem legatos de pace miserunt; obsides sese daturos polliciti sunt.

Hostes …	superati,	⟨… (se) receperunt,⟩	… miserunt;	… polliciti sunt.
Die Feinde …	*die besiegt worden sind,*	⟨ *(sie) haben sich zurückgezogen,*⟩	*(sie) haben geschickt;*	*(sie) haben versprochen.*

1.4 Grafische Periodenanalyse

Bei besonders langen Satzgefügen (Perioden) kann zur Klärung der Abhängigkeitsverhältnisse (und bisweilen auch als Hilfe für die Interpretation) eine grafische Analyse hilfreich sein. Dafür bieten sich zwei Methoden besonders an: die **Einrück-** und die **Kästchenmethode**. Diese Methoden unterscheiden sich vordergründig dadurch, dass bei der Einrückmethode die Unterordnung der Nebensätze durch vertikale, bei der Kästchenmethode dagegen durch horizontale Abstufung deutlich gemacht wird. Beide Methoden ermöglichen so die leichte Identifizierung des Hauptsatzes und zeigen auf, in welcher Weise die verschiedenen Nebensätze von diesem oder voneinander abhängen. Ein Vorteil der Einrückmethode ist es, dass man alle Wörter der Periode problemlos notieren kann, sodass sich andere Texterschließungsmethoden (vgl. Kap. 1.1 bis 1.3) unmittelbar anschließen können. Bei der Kästchenmethode können dagegen aufgrund des großen Platzbedarfs in der Breite nur wichtige Signalwörter notiert werden; dafür verdeutlicht diese Methode stärker als die Einrückmethode die Komposition der Periode und erleichtert so stilistische Beobachtungen.

Beispiel *Helvetii repentino eius adventu commoti, cum id, quod ipsi diebus viginti aegerrime confecerant, ut flumen transirent, illum uno die fecisse intellegerent, legatos ad eum mittunt.*

a) **Einrückmethode**

Helvetii repentino eius adventu commoti,
    cum id,
        quod ipsi diebus viginti aegerrime confecerant,
            ut flumen transirent,
    illum uno die fecisse intellegerent,
legatos ad eum mittunt.

b) **Kästchenmethode**

HS	Helvetii					mittunt
NS_1		cum			intellegerent	
NS_2			quod … confecerant			
NS_3				ut … transirent		

2 Textgrammatik

Ein Text ist ein „Satz-Gewebe". Die einzelnen Sätze eines Textes stehen meist in einem sehr engen Zusammenhang **(Kohärenz)**. Für die Erschließung eines Textes und vor allem auch für seine richtige Deutung (Interpretation) kann es sehr hilfreich sein, den Text in Hinsicht auf solche Elemente zu analysieren, die ihm seine Kohärenz verleihen. Dazu gehören v. a. das Sachfeld, die Konnektoren, die Pro-Formen und das Tempusrelief.

2.1 Sachfeld

Im Text mehrfach wiederholte Wörter (Eigennamen, Substantive, Verben) wirken als **„Leitwörter"**, d. h., sie leiten den Leser zu dem Thema, das im Text vorrangig behandelt wird.
So wird ein Text, in dem sich Wörter wie *navis, navigare, mare, insula* usw. häufen, wohl v. a. das Sachfeld „Seefahrt" behandeln, während ein Text, in dem Namen wie Pompeius und Caesar (mehrfach) vorkommen, höchstwahrscheinlich Informationen über politische oder militärische Angelegenheiten aus der Mitte des 1. Jahrhunderts v. Chr. enthält.
Es kann sehr nützlich sein, sich vor der Texterschließung über das Sachfeld des Textes klarzuwerden und sich das dazu vorhandene Wissen kurz ins Gedächtnis zu rufen. Außerdem sollten unbekannte Eigennamen im Wörterbuch nachgeschlagen werden; viele Wörterbücher bieten recht detaillierte Informationen gerade auch zu Personen und Orten.

2.2 Konnektoren

Konjunktionen und gliedernde Adverbien (z. B. *nunc, tum, itaque, deinde*) bedingen hauptsächlich die Kohärenz eines Textes. Sie erleichtern v. a. die Erfassung der temporalen und kausalen Handlungsabfolge.

2.3 Pro-Formen

Als Pro-Formen („Verweiswörter“) bezeichnet man **rück- oder vorverweisende Elemente** eines Textes (v. a. Pronomina und umschreibende Wendungen), die Wortwiederholungen vermeiden helfen und dadurch die Kohärenz fördern.
Es empfiehlt sich zu klären, auf welche Wörter des Textes sich die Pro-Formen beziehen und diese Bezüge auch im Text zu markieren.

2.4 Tempusrelief

Die Verwendung bestimmter Tempora hilft nicht nur, den zeitlichen Ablauf des Geschehens zu verdeutlichen, sondern ermöglicht es auch, den Text dramatisch durchzugestalten. Dies kann besonders gut an berichtenden Texten (z. B. aus der Geschichtsschreibung) beobachtet werden.
Bei der Analyse des Tempusreliefs spielen lediglich die **Tempora der indikativischen (Hauptsatz-)Prädikate** eine Rolle, da konjunktivische Prädikate im Lateinischen ihr Tempus in der Regel nach rein formalen Gesichtspunkten erhalten (Consecutio temporum, vgl. Grammatik, Kap. 24.5). Die nachfolgende Grafik veranschaulicht die Verwendung der Tempora ebenso wie die Herkunft der Benennung „Tempusrelief“.

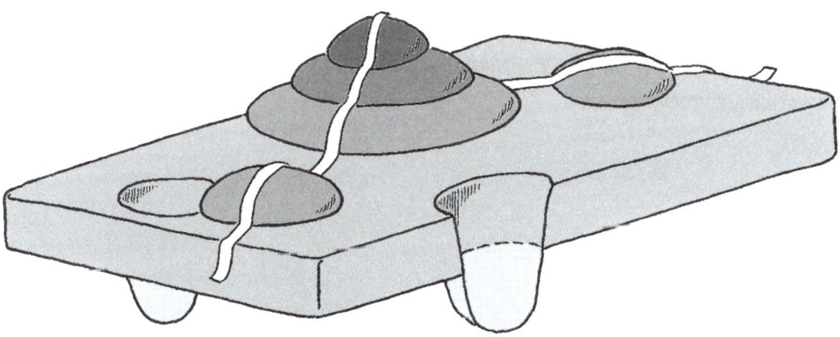

Plusquamperfekt	Imperfekt	Perfekt	historisches Präsens	historischer Infinitiv	„roter Faden“
Vorvergangenes	*Hintergrund der Handlung*	*Handlung*	*dramatische Handlung*	*Höhe-/Wendepunkt*	

3 Stilistik

Jeder Text ist mit einer bestimmten Absicht (Intention) geschrieben worden. Im einfachsten Fall besteht die Intention darin, dem Leser nüchterne Informationen zukommen zu lassen. Sehr oft jedoch – zumal in den Texten Caesars und Ciceros – wird außerdem versucht, den Sachverhalt so darzustellen, dass im Kopf des Lesers/Hörers eine ganz bestimmte Sicht auf die Dinge erzeugt wird, d. h., die Autorenintention besteht darin, den Leser/Hörer die Angelegenheit so sehen zu lassen, wie der Autor es will („Leserlenkung").

In der Antike gab es ein gewaltiges System von Regeln und Anweisungen, das man erlernen und dessen man sich bedienen konnte, um seine Leser/Hörer gemäß den eigenen Vorstellungen zu informieren, zu unterhalten und nicht zuletzt auch zu manipulieren (vgl. „Rhetorik", S. 89 ff.). Ein wichtiger Bestandteil dieses Systems war das Erregen von Aufmerksamkeit durch das Erzeugen ungewöhnlicher Klangwirkungen, indem man mit der Bedeutung der Wörter oder mit ihrer Anzahl und Reihenfolge spielte.

Die vielfältigen diesbezüglichen Möglichkeiten werden zusammenfassend als **Stilmittel** bezeichnet. Allen Stilmitteln gemeinsam ist es, dass sie vorsätzliche Abweichungen vom „normalen" Sprachgebrauch darstellen, denn dadurch, dass sie als ungewöhnlich empfunden werden, erreichen sie ihr Ziel: Aufmerksamkeit zu erzeugen, Erstaunen und Verwunderung hervorzurufen und alle Arten von Gefühlen zu wecken, welche die klare Urteilsfähigkeit beeinträchtigen und den „gelenkten" Leser/Hörer letztlich sogar zu einem Urteil bringen können, das in völligem Gegensatz zu den Ansichten steht, die er selbst bisher vertreten hat.

Name des Stilmittels	Beschreibung	Beispiele
Alliteratión	Aufeinanderfolgende Wörter beginnen mit demselben Laut.	*Die Luft war lind und labend. (Heine)* *Haus und Hof, Kind und Kegel* Portae patent: proficiscere! *(Cicero)*
Anápher	Aufeinanderfolgende Sätze oder Wortgruppen beginnen mit demselben Wort.	*Hier bin ich Mensch, hier darf ich's sein. (Goethe)* Quod auri, quod argenti, quod ornamentorum … habui, … *(Cicero)*

Ántiklimax (vgl. Klimax)	Die Glieder einer Aufzählung sind vom Bedeutenden zum Unbedeutenden angeordnet.	*Magnifizenz, Professoren und Doktoren, meine Damen und Herren!* Catilinam ex urbe vel eiecimus vel emisimus vel … verbis prosecuti sumus. *(Cicero)*
Antithése	Gegenüberstellung gegensätzlicher Gedanken	*Der Mensch denkt, Gott lenkt.* Vita brevis, ars longa. *(Hippokrates bei Seneca)*
Asýndeton (vgl. Polysyndeton)	Aufzählung ohne verbindende Konjunktion	*Schaffe, schaffe, Häusle baue.* Veni, vidi, vici. *(Caesar bei Sueton)*
Chiásmus (vgl. Parallelismus)	Die Teile zweier Wortgruppen oder Sätze sind in spiegelbildlicher Folge angeordnet.	*Die Mageren sind noch dünner jetzt, noch fetter sind die Feisten. (Heine)* Viget aetas, animus valet. *(Sallust)*
Ellípse	Auslassung von (meist leicht zu ergänzenden) Wörtern, z. B. Formen von sein/*esse*	*Wie du mir, so ich dir.* Ubi bene, ibi patria. Mors certa, hora incerta.
Hendiadyóin („Eins durch zwei")	Ein umfassender Begriff wird in zwei Begriffe zerlegt (die seine Facetten wiedergeben) oder durch die Verwendung zweier synonymer Begriffe verstärkt.	*Überall regt sich Bildung und Streben (= Streben, sich zu bilden/zu wachsen). (Goethe)* *… dass einem Hören und Sehen (= alle Sinne) vergeht. (B. v. Arnim)* *Betteln und Flehen* cultus atque humanitas *(= Zivilisation) (Caesar)* iniuria iniquitasque *(= bitterstes Unrecht)*
Hypérbaton	Eigentlich zusammengehörige Wörter werden durch dazwischengeschobene Wörter getrennt.	*Burgen baute er mächtige. „Mich, Henker," ruft er, „erwürget!"* (Schiller) Magno hoc dico cum dolore. *(Cicero)*
Hypérbel	Übertreibung	*Ich bin ganz Ohr.* Noster populus terrarum iam omnium potitus est. *(Cicero)*
Klímax (vgl. Antiklimax)	Anordnung der Glieder einer Aufzählung vom Unbedeutenden zum Bedeutenden	*Das Wasser rauscht', das Wasser schwoll. (Goethe)* Abiit, excessit, evasit, erupit. *(Cicero)*
Litótes	Umschreibung eines Begriffes durch sein verneintes Gegenteil	*nicht selten (= ziemlich oft)* non ignoro *(= ich weiß genau/kenne gut)*

Metápher	Übertragung der Bedeutung eines Begriffes auf einen anderen („sprachliches Bild“)	*Das ist ein weites Feld (im Sinne von: Dazu kann man sich nicht in wenigen Worten äußern). (Fontane)* *Bienenkönigin* pater patriae
Parallelísmus (vgl. Chiasmus)	Die einander entsprechenden Teile von Wortgruppen oder Sätzen haben die gleiche Reihenfolge.	*Reden ist Silber, Schweigen ist Gold.* *Wer mit dem Leben spielt, kommt nie zurecht; wer sich nicht selbst befiehlt, bleibt immer Knecht. (Goethe)* industria in agendo, celeritas in conficiendo, consilium in providendo *(Cicero)*
Pars pro toto	Umschreibung eines Begriffes durch die Nennung eines seiner Teile	*in den eigenen vier Wänden (= im eigenen Haus/der eigenen Wohnung)* perniciem moenibus *(= den Stadtmauern, also: der Stadt)* paravit *(Cicero)*
Personifikation	Unbelebte Dinge treten als sprechende Personen auf.	*… und seine (= eines Baumes) Zweige rauschten, als sprächen sie zu mir: „Komm her zu mir, Geselle!“ (W. Müller)* Si mecum patria, si Italia loquatur: „M. Tulli, quid agis?“ *(Cicero)*
Polysýndeton (vgl. Asyndeton)	Alle Glieder einer Aufzählung sind durch Konjunktionen verbunden.	*Und es wallet und siedet und brauset und zischt. (Schiller)* Nihil … neque privati neque publici neque profani neque sacri … *(Cicero)*
Tríkolon	ein aus drei Gliedern bestehender Ausdruck	*Heute back' ich, morgen brau' ich, übermorgen hole ich der Königin ihr Kind.* curis, molestiis, doloribus liberatus *(Cicero)*

4 Rhetorik

4.1 Rhetorik bei Griechen und Römern

In der Rhetorik, der Lehre von der kunstvollen Rede, waren die Römer – wie in fast allen geistigen Disziplinen – Schüler der Griechen. In Griechenland war im 5. Jahrhundert v. Chr. in Form der sog. **Sophistik** eine Art Aufklärungsbewegung aufgekommen, deren Vertreter dafür eintraten, sich in allen Fragen auf die Kompetenz des eigenen Verstandes zu verlassen und auf diese Weise politische, religiöse, ethische und wissenschaftliche Zusammenhänge neu zu durchdenken. Sie hatten dabei auch erkannt, dass man durch die Wahl der richtigen Worte und der richtigen Form eines Vortrags sehr wohl den Verstand der Zuhörer für die eigenen Vorstellungen einnehmen und manipulieren kann. Indem sie begannen, die verschiedenen Möglichkeiten der Beeinflussung genau zu erforschen, auszuprobieren und systematisch zu dokumentieren, wurden sie zu den Begründern der Rhetorik. Ihr wichtigster Vertreter, **Protágoras** von Abdera, behauptete sogar, dass es mit Hilfe der richtigen Rede möglich sei, die unterlegene Sache zur überlegenen zu machen (*causa inferior dicendo fieri superior posset;* Cic. Brut. 30).
Es ist verständlich, dass die Rhetorik in dem auf demokratischen Prinzipien basierenden Athen schnell große Bedeutung erlangte: Eine möglichst große Menschenmenge im eigenen Interesse beeinflussen zu können, war gerade für die Politiker eine äußerst attraktive Angelegenheit. Die bedeutendsten Politiker der damaligen Zeit waren zugleich hervorragende Redner, so z. B. Perikles (5. Jahrhundert) und Demosthenes (4. Jahrhundert). Wie eng die Verbindung Redner – Politiker damals war, kann man gut daraus ersehen, dass das Wort **Rhetor** bald nicht mehr nur Redner, sondern auch Politiker bedeutete.
Nachdem die Römer im Kontakt mit den Griechen auch Kenntnis von der Rhetorik erlangt hatten, leuchtete ihnen die praktische Bedeutung dieser Wissenschaft bald ein. Und wenn die ersten großen Redner der Römer auch öffentlich heftig gegen die Übernahme griechischer Gedanken und Lebensweise polemisierten, so taten sie das doch oft in Reden, welche die Mittel der griechischen Rhetorik nutzten. So widersprechen z. B. die Reden des Zensors M. Porcius **Cato** (2. Jahrhundert v. Chr.) in ihrer kunstvollen Ausführung regelmäßig dem von ihm selbst aufgestellten „bäuerischen“ Grundsatz: *Rem tene, verba sequentur!* – „Bleibe nur bei der Sache, dann werden sich die richtigen Worte schon einstellen.“

Cicero jedoch verschwieg seine griechische Bildung nicht. Eine seiner großen Leistungen für die römische Kultur ist sein gelungenes Unternehmen, sowohl die griechische Rhetorik „salonfähig“ als auch die griechische Philosophie in Rom heimisch gemacht zu haben. In seiner Schrift *De oratore* (55 v. Chr.) konstruierte er das Idealbild des universell geschulten Redners **(orator perfectus)**, dem er selbst zu entsprechen bemüht war. Es genüge nicht, das rhetorische System zu kennen und anzuwenden, man müsse zugleich im Recht, in der Literatur, den Künsten, der Geschichte und Philosophie bewandert sein und dies alles in seiner Persönlichkeit und seinem Auftreten auch glaubhaft darstellen können.
Mit dem Untergang der Republik und dem Beginn der Kaiserzeit verlor die Rhetorik immer mehr an praktischer Bedeutung: Politische Entscheidungen wurden nun nicht mehr von ehrgeizigen und redegewandten Politikern vor dem Senat oder der Volksversammlung herbeigeführt, sondern allein vom Kaiser getroffen. Die Rhetorik wurde allmählich zu einer Art toten Bildungsguts, das man zwar – wenn man etwas auf sich hielt – erlernte und praktizierte, dessen Stoffe sich jedoch oft in Lobreden auf den Kaiser *(Panegýricus)* oder in der Erörterung komplizierter – zumeist fiktiver – Problemfälle aus Recht und Geschichte erschöpften.

4.2 Überblick über wichtige Elemente des rhetorischen Systems

Je nach Inhalt, Anlass und Zweck der Rede werden drei **Gattungen der Rede** *(genera causarum)* unterschieden:
- die politische Rede *(genus deliberativum)*
- die Gerichtsrede *(genus iudiciale)*
- die Festrede *(genus demonstrativum)*

Hinsichtlich der Intention der Rede kann man **drei Stilarten** *(genera dicendi)* unterscheiden, die zugleich darüber bestimmen, welche **Funktionen** die Rede hat:
- der schlichte Stil *(genus subtile)*, dessen Funktion in der schmucklosen Übermittlung von Informationen besteht *(docere)*
- der mittlere Stil *(genus medium)*, der es neben der Informationsübermittlung auch darauf anlegt, den Hörern zu gefallen *(delectare)*
- der erhabene Stil *(genus grande* oder *sublime)*, der alle Möglichkeiten der Rhetorik ausschöpft, um die Hörer zu beeindrucken, sie zu erschüttern und mitzureißen *(permovere)*

Wer eine Rede nach den Regeln der Rhetorik richtig gestalten will, muss dies in **fünf Schritten** tun *(officia oratoris):*

- Auffindung des Stoffes *(inventio)*
- Gliederung des Stoffes *(dispositio)*
- stilgerechte Ausarbeitung der Rede *(elocutio)*
- Auswendiglernen der Rede *(memoria)*
- Vortrag der Rede *(actio)*

Durch *inventio* und *dispositio,* die aufs engste zusammenhängen, ergibt sich die Anordnung des vorzutragenden Stoffes in einer stets gleichen Abfolge der **fünf Teile einer Rede** *(partes orationis):*

- die Einleitung *(exordium),* in der man Aufmerksamkeit und Wohlwollen der Hörer zu gewinnen versucht *(captatio benevolentiae)*
- die allgemeine Darstellung des Gegenstandes *(narratio),* in der das Thema der Rede formuliert wird
- die Vorstellung der Gliederung der Beweisführung *(partitio),* in der man umreißt, wie man seine Argumente anordnen wird
- die eigentliche Beweisführung *(argumentatio),* die aus der Darstellung der eigenen Argumente *(confirmatio)* und der Widerlegung der gegnerischen Argumente *(refutatio)* besteht
- der Schluss *(peroratio),* in dem man das Ergebnis kurz zusammenfasst und bemüht ist, Zustimmung zum eigenen Standpunkt hervorzurufen. – Die *peroratio* enthält oft Beteuerungen, Schwüre oder Anrufungen der Götter.

Um möglichst wirkungsvoll zu sprechen, nutzte man die Möglichkeiten zum **Schmuck der Rede** *(ornatus),* d. h., man setzte die verschiedenen Stilmittel an den passenden Stellen ein und war z. B. auch bemüht, durch die Wahl von Wörtern mit bestimmten Quantitäten (Silbenlängen) am Satzende **(Klausel)** in einem gewissen Rhythmus zu sprechen.

Realienkunde

1 Zeitleiste zur römischen Geschichte und Literaturgeschichte

Epoche	Jahr	Geschichte	Literatur	Sprache
Königszeit	1200 v. Chr.	Einwanderung von Indogermanen in Italien		
	753	legendäre Gründung Roms durch Romulus und Remus		
		Herrschaft der sieben Könige		
	510	Vertreibung des letzten Königs, Tarquinius Supérbus, durch Brutus und Collatinus; Rom wird Republik	früheste Inschriften	
Zeit der Republik	450	Aufzeichnung des geltenden Rechts	Zwölftafelgesetze	
	387	Gallier-Einfall unter Brennus in Rom		Altlatein
	367	*Leges Liciniae Sextiae:* Zugang der Plebejer zum Konsulat und anderen hohen Ämtern		
	264–241	1. Punischer Krieg: Sizilien wird erste römische Provinz	Livius Andronícus (Epos), Plautus (Komödie), Ennius (Epos), Terénz (Komödie)	
	218–201	2. Punischer Krieg (Hannibal)		
	149–146	3. Punischer Krieg: Zerstörung Karthagos		
	133/123	Agrarreformversuche der Brüder Gracchus		
	113–101	Kampf mit Kimbern und Teutonen; Heeresreform des Marius (105)		
	91–89	Bundesgenossenkrieg: Italiker erhalten das römische Bürgerrecht		
	83/82	Bürgerkrieg zwischen Marius und Sulla		
	82–79	Sullas Diktatur		

Epoche	Jahr	Geschichte	Literatur	Sprache
Zeit der Republik	73–71	Sklavenaufstand unter Spártacus	Lukréz (Lehrgedicht)	Klassisches Latein (Goldene Latinität)
	63	Ciceros Konsulat; Catilinarische Verschwörung		
	60	1. Triumvirat: Caesar, Pompeius, Crassus	Cicero (Rede, Brief, Philosophie, Rhetorik), Catúll (Gedicht), Caesar (Commentarius)	
	58–51	Caesar erobert Gallien		
	49–46	Bürgerkrieg zwischen Caesar und Pompeius		
	46	Caesars Alleinherrschaft		
	15. 03. 44	Ermordung Caesars durch Brutus und Cassius		
	43	2. Triumvirat: Antonius, Octavián, Lépidus; Ächtung Ciceros		
	07. 12. 43	Ermordung Ciceros		
	31	Schlacht bei Actium; Octavián wird Alleinherrscher	Vergíl (Epos), Horáz (Gedicht, Satire), Livius (Geschichtsschreibung), Ovíd (Gedicht)	
Prinzipat des Augustus	27	Octavián erhält den Titel „Augustus“		
	n. Chr.			
	9	Schlacht im Teutoburger Wald (Varus)		
	14	Tod des Augustus		
Kaiserzeit	14–37	Tiberius	Phaedrus (Fabel)	
	37–41	Calígula		
	41–54	Claudius	Séneca (Philosophie, Tragödie)	Nachklassisches Latein (Silberne Latinität)
	54–68	Nero; der große Brand Roms mit anschließender Christenverfolgung (64)		
	69–79	Vespasián; Eroberung Jerusalems (70)	Martiál (Epigramm)	
	79–81	Titus		

Epoche	Jahr	Geschichte	Literatur	Sprache
Kaiserzeit	81–96	Domitián	Tácitus (Geschichtsschreibung), Juvenál (Satire), Plinius d. J. (Brief), Suetón (Biografie)	
	98–117	Traján; größte Ausdehnung des Römischen Reiches		
	306–337	Konstantin der Große; Toleranzedikt für die Christen (313)		
	379–395	Theodosius; Christentum wird Staatsreligion (391)	Hierónymus (Vulgáta = lat. Bibel), Augustinus (christliche Texte)	Spätlatein
	395	Teilung des Reiches in West- und Ostrom		
	410	Westgoten unter Álarich erobern Rom		
	476	Romulus Augustulus wird als letzter Kaiser abgesetzt: Ende des Weströmischen Reiches		
				Mittellatein
	1453	Ende des Oströmischen Reiches		

2 Kurzgefasste römische Geschichte (bis zu Augustus)

(Insbesondere über die römische Frühzeit wird im Folgenden nicht gemäß den Erkenntnissen der modernen Geschichtswissenschaft berichtet, sondern gemäß den Ansichten, welche die Römer selbst über diese Epoche hatten, da man ihre Texte nur dann richtig verstehen kann, wenn man sie im Lichte ihrer eigenen Überzeugungen betrachtet.)

Nach der Vorstellung der Römer entstammte ihr Volk der Familie des **Aenéas**, eines von der Liebesgöttin Venus geborenen trojanischen Helden, der nach der Zerstörung seiner Heimatstadt und nach jahrelangen Irrfahrten über das Mittelmeer letztlich nach Latium gelangt war.

Viele Generationen später gebar eine aus seiner Familie stammende Frau, Rhea Silvia, die Zwillingsbrüder **Romulus und Remus**, deren Vater der Kriegsgott Mars war. Die Zwillinge legten im Jahre **753 v. Chr.** den Grundstein für die Stadt Rom, gerieten aber kurz darauf miteinander in einen Streit, in dem Romulus seinen Bruder tötete.

Beginnend mit Romulus regierten **sieben Könige** die neue Stadt, wobei jeder von ihnen einen ganz spezifischen Beitrag zur Entwicklung Roms beisteuerte. Der letzte der Könige, Tarquinius Supérbus, war jedoch so grausam und unmenschlich, dass er im Jahre **510 v. Chr.** von den Römern vertrieben wurde. Seitdem hatte der Titel *rex* für jeden Römer einen unangenehmen Beigeschmack.

Um eine neue Willkürherrschaft eines einzelnen Menschen unmöglich zu machen, wurde als neue Staatsform die **Republik** eingeführt, deren Politik von Beamten bestimmt wurde. Nach und nach entwickelte sich für diese eine festgelegte **Ämterlaufbahn** *(cursus honorum)*, die sie durchlaufen mussten, bis sie zum obersten Amt, dem **Konsulat**, gelangen konnten. Alle Beamten wurden in der Regel jedes Jahr neu gewählt (Annuität); jedes Amt war mit mindestens zwei gleichberechtigten Kollegen besetzt (Kollegialität), die sich gegenseitig kontrollierten und notfalls auch behindern konnten (Interzessionsrecht).

In den folgenden Jahrhunderten setzten die Angehörigen der breiten Volksmasse *(plebs)* in den sog. **Ständekämpfen** durch, dass das geltende Recht schriftlich fixiert wurde (Zwölftafelgesetze, 450 v. Chr.), dass sie eigene Beamte, die **Volkstribunen**, wählen konnten, welche die Politik der übrigen Beamten und des Senats kontrollierten, und dass ihnen nach und nach Möglichkeiten eingeräumt wurden, selbst am politischen Geschehen mitwirken zu können (Zugang zum Konsulat, 367 v. Chr.; Volksbeschlüsse haben Gesetzeskraft, 287 v. Chr.).

Bis 270 v. Chr. erlangten die Römer die Vorherrschaft über Italien. In den **drei Punischen Kriegen** (264 bis 146 v. Chr.) besiegte Rom die ebenbürtige Rivalin Karthago vollständig, sodass der Expansion des Römischen Reiches im Mittelmeerraum nun kein ernstzunehmender Gegner mehr im Wege stand.
Jedoch brachte diese Zeit der Expansion auch gewaltige **soziale Probleme** mit sich, die letztlich den Untergang der Republik verursachten: Durch ihren Dienst in den vielen Kriegen, die von nun an die Grenzen des Reiches immer mehr hinausschoben, waren viele Römer – vor allem die Bauern – oft jahrelang von zu Hause abwesend. Ihre Äcker verkamen, die Nahrungsversorgung der Bevölkerung war gefährdet. Reiche Senatoren und Ritter kauften die heruntergekommenen Äcker der Kleinbauern oft zu einem Spottpreis auf und verwandelten sie in Großgüter *(latifundia),* die sie von Sklaven bewirtschaften ließen.
Als die Bauern aus dem Krieg zurückkamen, blieb ihnen – da sie kein Land mehr besaßen – oft nur die Möglichkeit, als Bettler und Tagelöhner *(proletarii)* in den Städten, v. a. in Rom, ein Auskommen zu suchen. Für Nahrungsmittel und Unterhaltung *(panem et circenses)* verkauften sie ihre Wählerstimmen an reiche Politiker, die nun – gestützt auf diese gewaltige Klientel – immer öfter die Vorschriften und Gesetze der republikanischen Verfassung missachteten und ihre Politik nicht vom Wohlergehen des Staates, sondern von ihrem persönlichen Ehrgeiz abhängig machten.
Die Agrarreformversuche der Brüder Gracchus (133; 123/122 v. Chr.) und der dagegen mobilisierte brutale Widerstand des Senats läuteten das **Jahrhundert der Bürgerkriege** ein, in dem immer wieder mächtige Politiker die Bürger gegeneinander aufhetzten. Je nachdem, ob sich ein Politiker bei der Durchsetzung seiner Ziele auf die Volksmasse oder den Senat stützte, rechnete man ihn zur „Partei“ der **Popularen** („Volksfreunde“) oder der **Optimaten** („die Besten“).
Der nichtadlige Feldherr **C. Marius** hatte sich durch eine Heeresreform und durch die Abwendung eines gefürchteten Germaneneinfalls beim Volk viel Ruhm und Ansehen erworben. Als man 88 v. Chr. zum Zurückschlagen einer Invasion des Königs Mithridates von Pontus einen fähigen Feldherrn suchte, setzte der Senat gegen den Willen des Volkes jedoch durch, dass nicht Marius, sondern der adlige **L. Cornelius Sulla** den Oberbefehl gegen Mithridates erhielt. Im folgenden **1. Bürgerkrieg** zwischen den Anhängern des Marius (Popularen) und des Sulla (Optimaten) siegte Sulla und ließ nach diesem Sieg zahlreiche seiner politischen Gegner ermorden **(Proskriptionen)**. Anschließend machte er während seiner Zeit als Diktator (82–79 v. Chr.) die Optimaten wieder zur führenden Kraft.

Nach Sullas Abdankung gab es zahlreiche Versuche, die absolute Optimatenherrschaft erneut zu brechen; so gab z. B. der zur Zeit seines Konsulats als Popular auftretende **Cn. Pompeius Magnus** den Volkstribunen ihre früheren Rechte zurück (70 v. Chr.). Pompeius machte sich u. a. auch im Seeräuberkrieg (67 v. Chr.) und durch den endgültigen Sieg über Mithridates (66 v. Chr.) einen Namen als fähiger Feldherr.
In Rom selbst versuchte im Jahre **63 v. Chr.** der Senator **L. Sergius Catilina**, gestützt auf eine geheime Verschwörung, die Regierung zu beseitigen und sich selbst an die Macht zu bringen. Diese Verschwörung wurde aber vom Konsul **M. Tullius Cicero** aufgedeckt und niedergeschlagen.
Inzwischen hatte Pompeius v. a. durch seine Kriegsführung im Osten dem *imperium Romanum* große Gebietsgewinne verschafft. Als der Senat sich weigerte, seine vielen Kriegsveteranen mit Land zu versorgen, schloss Pompeius einen Dreibund (**1. Triumvirat**, 60 v. Chr.) mit **M. Licinius Crassus** (dem reichsten Mann Roms) und **C. Iulius Caesar** (dem beim Volk beliebten Oberpriester). Caesar erfüllte 59 v. Chr. als Konsul die Landforderungen des Pompeius.
Als Prokonsul eroberte Caesar ganz **Gallien** (58–50 v. Chr.). Weil er seine im Laufe der Jahre aufgebaute Machtbasis nicht verlieren wollte, weigerte er sich, nach Ablauf seiner Amtszeit sein Heer zu entlassen, wie es der Senat von ihm forderte. Es kam deshalb zum **2. Bürgerkrieg** (49–48 v. Chr.) zwischen Caesar und den Senatstruppen; diese wurden von Pompeius geführt, den der Senat inzwischen auf seine Seite gezogen hatte. Nach seinem Sieg bei **Phársalus** übernahm Caesar die Diktatur und regierte als Alleinherrscher in Rom. Aufgrund seiner Politik der *clementia Caesaris* gab es diesmal keine Proskriptionen.
Anhänger der alten *res publica libera* unter Führung von **M. Brutus** und **C. Cassius** ermordeten Caesar an den Iden des März, d. h. am **15. März 44 v. Chr.**
Dessen Adoptivsohn **C. Octavianus** schloss bald darauf einen Dreibund (**2. Triumvirat**, 43 v. Chr.) mit **M. Antonius**, einem ehemaligen Offizier Caesars, und **M. Aemilius Lépidus**, dem Oberpriester. Bestandteil dieses Bündnisses war eine **Proskriptionsliste**, der etwa 2 000 Bürger zum Opfer fielen, darunter auch Cicero. Die Triumvirn besiegten die Caesar-Mörder bei **Philippi** (42 v. Chr.).
Die folgenden Auseinandersetzungen zwischen Octavianus und Antonius um die Vorherrschaft im Reich gipfelten im **3. Bürgerkrieg**, den Octavian letztlich im Jahre **31 v. Chr.** in der **Seeschlacht bei Actium** für sich entscheiden konnte.

Nach seiner Rückkehr nach Rom lehnte er die ihm vom Senat angebotene Diktatur ab. Aus Dankbarkeit wurde ihm dafür im Jahre **27 v. Chr.** der Ehrentitel **„Augustus“** (der Erhabene) verliehen. Auch wenn er sich fortan bescheiden nur „der Erste unter Gleichen“ *(princeps inter pares)* nannte – weswegen man die neue Staatsform auch **„Prinzipat“** nennt –, so lag tatsächlich doch alle Macht allein in seinen Händen. Die Regierungszeit des Augustus stellte nach hundert Jahren Bürgerkrieg einen Segen für das Reich dar *(saeculum aureum)*, denn der Prinzeps war in seiner Politik ganz darauf bedacht, im Inneren des Reiches den Frieden zu bewahren *(pax Augusta)* und Wirtschaft und Kultur zu einer neuen Blüte zu führen.

3 Karte des Römischen Reiches

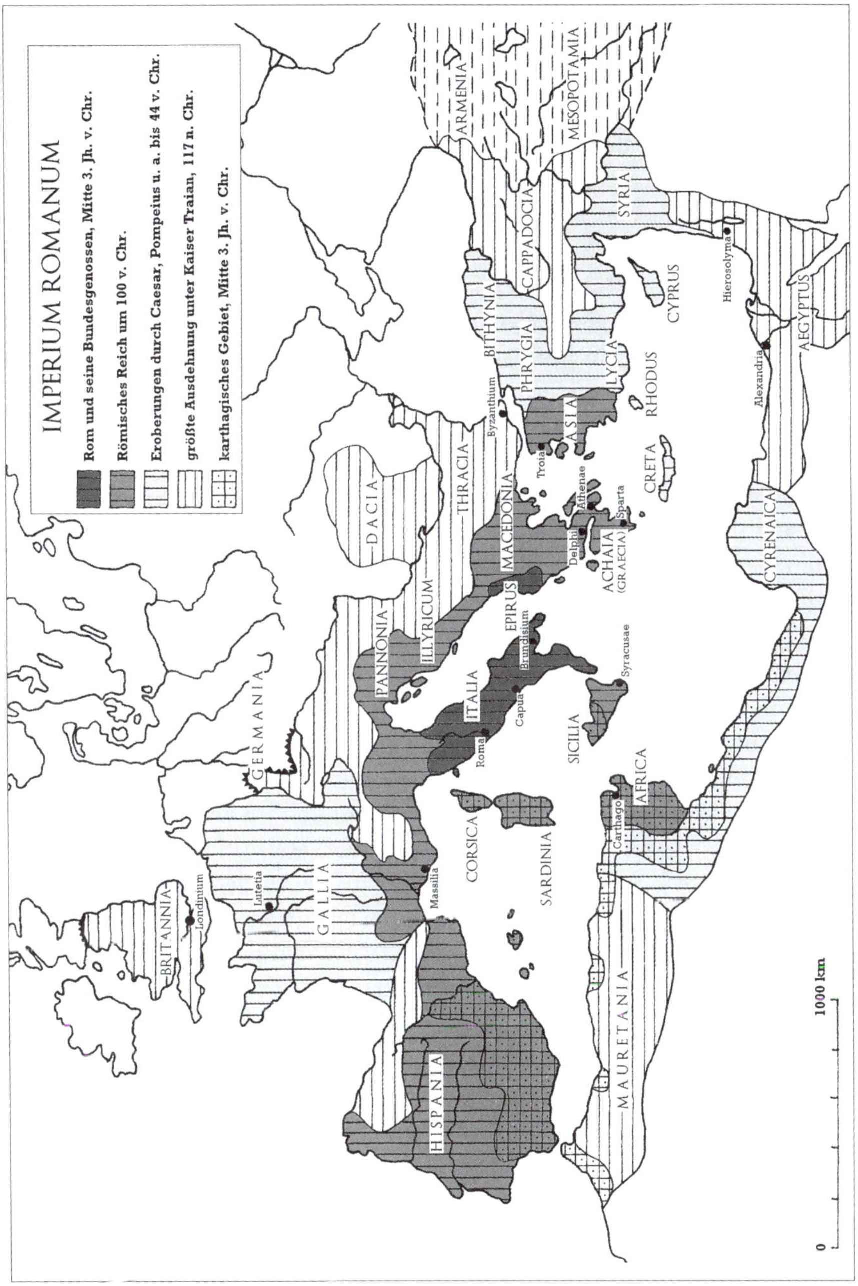

4 Kurzbiografien einiger berühmter Römer

4.1 M. Tullius Cicero

Marcus Tullius Cicero wurde am 3. Januar **106 v. Chr.** in Arpinum, einem kleinen Städtchen östlich von Rom, **als Sohn eines Ritters** geboren. Er kam früh in die Hauptstadt, wo er eine vorzügliche **Ausbildung in Rhetorik und Rechtswissenschaft** erhielt. Sich als Anwalt zu betätigen, schien dem ehrgeizigen Mann aus nichtsenatorischer Familie eine probate Methode, ins öffentliche Leben einzutreten.
Cicero machte 88 v. Chr. mit Philon von Larissa Bekanntschaft, dem Oberhaupt der von Platon gegründeten Philosophenschule der Akademie, der bei ihm die Begeisterung für **philosophische Studien** weckte.
Die erste erhaltene Prozessrede Ciceros stammt aus dem Jahr 81 v. Chr. *(Pro Quinctio)*.
Von 79–77 v. Chr. vervollkommnete der junge Anwalt seine rhetorischen und philosophischen Kenntnisse auf einer **Bildungsreise nach Griechenland**, während der er u. a. Antiochos von Askalon (den Nachfolger Philons), den Epikureer Zenon von Sidon, den Stoiker Poseidonios und den Rhetoriklehrer Molon aufsuchte. Bei seiner Rückkehr nach Rom hatte er sich eine Bildung angeeignet, wie sie wohl kaum ein anderer römischer Redner damals besaß.
Die Erfolge in seiner Tätigkeit als Prozessredner ebneten ihm auch den Weg in die Ämterlaufbahn *(cursus honorum)*, wobei es ihm als **homo novus** („Emporkömmling") trotz des Widerstands der konservativen Kreise gelang, alle Ämter zum frühestmöglichen Zeitpunkt *(suo anno)* zu erreichen: Cicero wurde 75 Quästor in Sizilien, 69 Ädil, 66 Prätor und **63 Konsul**.
Seit den Reden gegen den korrupten Statthalter Verres (*In Verrem,* 70 v. Chr.), in denen er sich gegen Verres' Verteidiger Hortensius, den damals führenden Anwalt Roms, durchsetzte, galt Cicero als der beste Redner Roms.
Während seines Konsulats gelang es Cicero, der sich politisch ganz der alten *res publica libera* verschrieben hatte, die **Verschwörung des Catilina** niederzuschlagen.
Der Volkstribun Clodius, sein Intimfeind und einer seiner politischen Gegner, erwirkte im Jahre 58 v. Chr., dass Cicero in die **Verbannung** nach Griechenland gehen musste, weil er römische Bürger (nämlich die Catilinarier) hatte hinrichten lassen, ohne ihnen die Möglichkeit gegeben zu haben, sich noch einmal an die Volksversammlung zu wenden. Wie wir u. a. aus seinen in großer Zahl erhaltenen Briefen ersehen können, war diese Zeit des erzwungenen Rückzugs aus der Hauptstadt für Cicero ein herber Schlag. Obwohl er bereits

ein Jahr später ehrenvoll zurückberufen wurde, hatte er doch seinen politischen Einfluss eingebüßt.
Um sich abzulenken, stürzte sich Cicero ganz in die literarische Arbeit: Er schrieb **rhetorische und philosophische Werke**. In der 55 v. Chr. erschienenen Schrift *De oratore* entwickelte er seine Vorstellungen vom „idealen Redner" *(orator perfectus)*. 52 v. Chr. erschien seine staatstheoretische Schrift *De re publica*, in der sich u. a. die berühmte Staatsdefinition *„Est igitur res publica res populi …"* und die Glorifizierung der römischen Mischverfassung als bestmögliche Staatsform finden.
Für das Jahr 51 v. Chr. übernahm Cicero als Prokonsul die Verwaltung der Provinz Kilikien in Kleinasien.
Bei Ausbruch des **Bürgerkrieges** zwischen Pompeius und Caesar (49 v. Chr.) stellte sich Cicero gemäß seinen politischen Überzeugungen auf die Seite des Senats, um die Republik zu verteidigen. Als Pompeius 48 v. Chr. besiegt wurde, fielen für Cicero alle Hoffnungen zu Staub zusammen; als dann 45 v. Chr. auch noch seine geliebte Tochter Tullia starb, entfloh er wieder ganz ins literarische Schaffen. Es entstanden zahlreiche philosophische und rhetorische Werke, u. a. *Tusculanae disputationes*, *De natura deorum*, *De officiis*, *Brutus* und *Orator*.
Nach Caesars Ermordung sah Cicero eine letzte Chance, die alte *res publica* zu restaurieren. Er verhalf dem jungen Octavián zu Einfluss im Senat und griff in vierzehn **„Philippischen Reden"** dessen Gegner Antonius aufs Heftigste an. Als es dann jedoch zum Bündnis zwischen Octavian und Antonius kam, ließ Antonius den ihm verhassten Cicero auf die Proskriptionslisten setzen und ermorden (7. Dezember **43 v. Chr.**).

Eine Übersicht über wichtige Werke Ciceros findet sich ab S. 111.

4.2 C. Iulius Caesar

Gaius Iulius Caesar wurde am 13. Juli **100 v. Chr.** in Rom geboren. Seine Familie, die *gens Iulia*, gehörte zu den ältesten Adelsgeschlechtern und leitete ihre Herkunft über Iulus und Aenéas von der Liebesgöttin Venus her.
Im Jahre 82 wurde Caesar aufgrund seiner verwandtschaftlichen Beziehungen zu führenden Popularen auf die **Proskriptionslisten Sullas** gesetzt; er floh aus Rom und lebte bis zu Sullas Tod (78 v. Chr.) im Verborgenen. Er nutzte diese Zeit v. a. für **rhetorische Studien** im Osten.
Nach seiner Rückkehr in die Hauptstadt trat Caesar bald ins Licht der Öffentlichkeit: Im Jahre 74 wurde er zum Priester gewählt, 73 leistete er Kriegsdienst als Militärtribun, seine Quästur bekleidete er im Jahre 68 v. Chr. in

Spanien. 65 v. Chr. war er Ädil; 63 v. Chr. wählte man ihn zum **Oberpriester** *(pontifex maximus)*, im Jahre 62 war er Prätor. Als Proprätor verwaltete Caesar 61 v. Chr. die Provinz Spanien, wobei er seine Finanzen, die er durch den Kauf von Wählerstimmen völlig zugrunde gerichtet hatte, wieder sanierte.

60 v. Chr. schloss Caesar zusammen mit Cn. Pompeius Magnus und M. Licinius Crassus das **1. Triumvirat**, dessen Ziel es war, die Politik so zu beeinflussen, dass nichts im Staate gegen den Willen dieser drei Männer geschehen könne (*ne quid ageretur in re publica, quod displicuisset ulli e tres,* Sueton, Div. Iul. 19,2). Mit der Unterstützung der beiden anderen Triumvirn wurde Caesar **Konsul des Jahres 59**.

Als Prokonsul verwaltete er von **58 bis 50 v. Chr.** Illyricum und die gallischen Provinzen. Unter Vorschiebung einer Bedrohung seitens der Gallier drang er in das freie **Gallien** ein und unterwarf es bis 51 v. Chr. völlig. Über seine Taten in Gallien verfasste er Rechenschaftsberichte *(Commentarii de bello Gallico)*, in denen er sein Stilideal der Kürze und Klarheit in der Sprache verwirklichte.

Nach dem Ablauf seiner Amtszeit verlangte der Senat von ihm, seine Truppen zu entlassen. Caesar wusste, dass diese seine wichtigste Machtbasis waren, weshalb er sich weigerte, der Senatsorder Folge zu leisten. Indem er am 10. Januar **49 v. Chr.** mit seinem Heer den Fluss **Rubicon** überschritt, der die Grenze seiner Provinz zum italienischen Mutterland bildete, brach er einen neuen **Bürgerkrieg** vom Zaun, in dem seine Anhänger gegen die Senatstruppen unter Führung des Pompeius kämpften, den der Senat inzwischen auf seine Seite hatte ziehen können. Auch über diesen Krieg verfasste Caesar Commentarien *(De bello civili)*, in denen er dem Pompeius und seinen Anhängern die alleinige Schuld am Bürgerkrieg anlastete.

Da sich Pompeius zunächst nach Griechenland zurückzog, um Truppen auszuheben und zu formieren, konnte Caesar im Jahre 49 Italien und Spanien in seine Gewalt bringen. Im Jahre **48 v. Chr.** kam es zur Entscheidungsschlacht bei **Phársalus**, in der das Heer des Pompeius aufgerieben wurde. Bis zum Frühjahr des Jahres 45 wurden die letzten Schlachten des Bürgerkrieges in Afrika und Spanien geschlagen.

Nach seiner Rückkehr nach Rom im Jahre 45 v. Chr. war Caesar der alleinige Sieger. Gemäß seiner Politik der *clementia Caesaris* verzichtete er fast völlig auf die Verfolgung derjenigen, die im Bürgerkrieg auf der „falschen“ Seite gestanden hatten. Caesar wurde **48 v. Chr. Diktator**, dann erneut Konsul; 46 erhielt er die Diktatur für die nächsten zehn Jahre, seit 44 dann „auf Dauer“, d. h. auf Lebenszeit *(dictator perpetuo* oder *perpetuus);* außerdem wurde er

zum Konsul der folgenden zehn Jahre gewählt und war zugleich Oberbefehlshaber über das Heer mit dem erblichen Titel *imperator.*
Obwohl Caesar den Titel König *(rex)* öffentlich stets ablehnte, besaß er in Wahrheit doch eine monarchische Stellung, die er immer weiter festigte. Dadurch machte er sich die verbliebenen Verfechter der alten Republik mehr und mehr zum Feind: Am **15. 03. 44 v. Chr.** (an den „Iden des März“) fiel Caesar einer Verschwörung von 60 Senatoren unter Führung von M. Iunius Brutus und C. Cassius zum Opfer.

4.3 Cn. Pompeius Magnus

Gnaeus Pompeius wurde im Jahre **106 v. Chr.** geboren; sein Vater, ein erfolgreicher Feldherr, der es bis zum Konsul des Jahres 89 brachte, ließ dem jungen Pompeius in seinem Heer eine vorzügliche militärische Ausbildung zuteil werden.
Im Jahre 83 v. Chr. stellte Pompeius auf eigene Kosten drei Legionen zusammen, die er dem Optimaten **L. Cornelius Sulla** für dessen Bürgerkrieg gegen die Anhänger des C. Marius anbot. Sulla nahm dieses Angebot dankbar an, woraufhin Pompeius in den Jahren 83 bis 81 in Norditalien, auf Sizilien und in Afrika sehr erfolgreich für Sulla kämpfte. Dieser verlieh ihm zum Dank den Beinamen *Magnus* und gestattete es ihm, im **Triumphzug** durch Rom zu ziehen – ganz im Widerspruch zum herkömmlichen Recht, nach dem nur Prätoren oder Konsuln triumphieren durften.
In den Jahren 76 bis 72 kämpfte Pompeius gegen die Anhänger des Proprätors Q. **Sertorius**, der sich als Statthalter von Spanien dort ein eigenes Reich schaffen wollte. Auf ihrem Rückmarsch nach Italien vernichteten die Truppen des Pompeius die letzten Reste des Spártacus-Heeres (71 v. Chr.; vgl. S. 132); wiederum erhielt der siegreiche Feldherr die Erlaubnis, in Rom zu triumphieren.
Im Jahre 70 wurde Pompeius zusammen mit M. Licinius Crassus **Konsul**, ohne vorher irgendein Amt der regulären Ämterlaufbahn innegehabt zu haben. Als Konsul stellte Pompeius die Befugnisse der Volkstribunen wieder her, die von Sulla eingeschränkt worden waren.
Zur Beseitigung der akuten Bedrohung des Reiches durch die **Seeräuber**, die auf dem Mittelmeer ihr Unwesen trieben, erhielt Pompeius, der zu dieser Zeit kein Amt bekleidete, 67 v. Chr. dennoch ein Kommando *(imperium extraordinarium)* mit der Aufgabe, innerhalb von drei Jahren die Seeräuberplage zu beseitigen. Durch sein effizientes Vorgehen gelang es ihm, diesen Auftrag in nur drei Monaten erfolgreich abzuschließen.

Als im Jahre 66 v. Chr. ein fähiger Feldherr für den Krieg gegen den König **Mithridates** VI. Eupator von Pontus bestimmt werden sollte, wurde wiederum Pompeius ausgewählt und erneut mit einem *imperium extraordinarium* ausgestattet. Bis 63 v. Chr. gelang es ihm, nicht nur Mithridates zu schlagen, sondern auch den gesamten Osten des Reiches neu zu ordnen und dort die Provinz Syria sowie weitere von Rom abhängige Staaten zu etablieren. Seine Kriegsveteranen siedelte Pompeius in Kleinasien an. Im Jahre 62 kehrte er nach Rom zurück.

Der Senat billigte ihm zwar einen dritten Triumphzug zu, weigerte sich aber, die Neuordnung des Ostens und die Ansiedlung der Veteranen zu ratifizieren. Enttäuscht wandte sich Pompeius vom Senat ab und ging **60 v. Chr.** zusammen mit M. Licinius Crassus und C. Iulius Caesar ein Bündnis **(1. Triumvirat)** ein; im Jahre 59 v. Chr. heiratete Pompeius Iulia, die Tochter Caesars, der als Konsul dieses Jahres Pompeius' Ratifizierungsforderungen durchsetzte.

Im Jahre 55 war Pompeius – wiederum mit Crassus – zum zweiten Male Konsul. Nach dem Tode von Iulia (54) und Crassus (53) **verschlechterten sich seine Beziehungen zu Caesar**, der immer deutlicher nach der Vorrangstellung im Staate trachtete und dadurch Pompeius dazu bewegte, sich erneut dem Senat anzunähern. Obwohl er nach seinem Konsulat für fünf Jahre zum Statthalter Spaniens berufen wurde, blieb Pompeius in Rom, um sich in dieser brisanten Situation nicht an den Rand drängen zu lassen.

Das Jahr 52 v. Chr. bescherte ihm seine wohl glücklichste Zeit: Unter dem Druck, die zu dieser Zeit in Rom herrschende Anarchie in den Griff zu bekommen, setzte ihn der Senat als alleinregierenden Konsul *(consul sine collega)* ein; sein Abstand zu Caesar vergrößerte sich immer mehr.

Wegen der drohenden **Bürgerkriegsgefahr** ernannte der Senat Pompeius am 07. 01. 49 zum **Oberbefehlshaber der staatstreuen Truppen**. Als solcher zog er sich bei Caesars Einfall in Italien zusammen mit vielen Senatoren zunächst nach Griechenland zurück, um dort ein Heer aufbauen zu können.

Zur Entscheidungsschlacht zwischen den Heeren Caesars und des Senats kam es am 09. 08. **48** bei **Pharsalus** in Thessalien. In dieser Schlacht vernichteten Caesars Truppen das Heer des Pompeius fast völlig. Der Feldherr selbst floh nach Ägypten, wo er auf Befehl des dortigen Königs Ptolemaios XIII. am 28. 09. **48** ermordet wurde.

4.4 C. Iulius Caesar Octavianus Augustus

Gaius Octavius wurde am 23. September **63 v. Chr.** als ein Großneffe C. Iulius Caesars in Rom geboren. Nach der Ermordung Caesars wurde dessen Testament bekannt, in dem er Octavius adoptierte und als Erben einsetzte. Als Caesars Sohn wurde dieser nun C. Iulius Caesar Octavianus genannt.
Er stellte als Privatmann ein Heer zusammen, das er dem Senat im Kampf gegen den selbst ernannten Caesar-Nachfolger M. Antonius anbot. Zum Dank dafür wurde er 43 v. Chr. unter starker Fürsprache Ciceros in die Reihen des Senats aufgenommen. Nach dem **Sieg über Antonius** bei Mutina **(43 v. Chr.)** ertrotzte sich Octavián seine Ernennung zum Konsul. Aus Machtkalkül ging er im selben Jahre zusammen mit Antonius und Lépidus einen Dreibund ein **(2. Triumvirat)**, um mit vereinten Kräften zunächst die Caesar-Mörder zu beseitigen, was im Jahre 42 v. Chr. in der **Schlacht bei Philippi** auch gelang. 40 v. Chr. teilten sich die Triumvirn das Reich in Einflussbereiche auf (Vertrag von Brundisium): Octavian erhielt den Westen, Antonius den Osten, Lepidus Afrika.
Im Jahre 36 v. Chr. wurde Octavian nach siegreichen Kämpfen gegen Lepidus alleiniger Herr Italiens und des Westens. Diesen und die folgenden Kriege führte Octavians Feldherr **Agrippa** für seinen oft kränklichen Dienstherrn.
In der sich anschließenden Auseinandersetzung mit Antonius um die Vorherrschaft im Reich siegte Octavian **31 v. Chr.** in der **Seeschlacht von Actium** über die Flotte des Antonius und der Kleopatra. Ein Jahr darauf wurde Alexandria von Agrippas Truppen eingenommen; Antonius und Kleopatra nahmen sich selbst das Leben. Mit der Eingliederung Ägyptens als Provinz des Römischen Reiches **endeten die Bürgerkriege**, aus denen Octavian als alleiniger Sieger hervorging.
Im Jahre 29 v. Chr. kehrte er nach Rom zurück. Um anzuzeigen, dass nun im ganzen Reich Frieden herrschte *(pax Augusta)*, schloss er die Tore des Janustempels; die grandiose Triumphfeier dauerte vom 13. bis zum 15. August. Für seinen zum Gott erhobenen Adoptivvater *(Divus Iulius)* ließ Octavian einen Tempel auf dem Forum Romanum errichten.
Die ihm vom Senat angebotene **Diktatur lehnte er ab** und begann stattdessen damit, den Ausnahmezustand der Bürgerkriegszeit schrittweise abzubauen und Gesetz und Ordnung wieder zu etablieren. Am 13. Januar 27 v. Chr. legte Octavian all seine Sondervollmachten nieder und übergab den Staat wieder als *res publica* dem Senat und Volk von Rom. Für seine herausragenden Leistungen überschüttete ihn der Senat mit einer Fülle von Ehren, u. a. mit dem Titel „**Augustus**“ (der Erhabene), und bat ihn, einige Provinzen zu übernehmen, in denen es zu Unruhen gekommen war bzw. die nach außen gesichert werden

mussten. Mit der Ernennung Octavians zum Augustus beginnt das Zeitalter seines **Prinzipats**, das den Anfang der römischen Kaiserzeit bildet.
Von 27 bis 25 v. Chr. ordnete Augustus die Angelegenheiten der Provinzen Gallien und Spanien. 23 v. Chr. bekam er die Amtsgewalt eines Volkstribunen und den Oberbefehl über alle Provinzen *(imperium proconsulare maius)*. Von 22 bis 19 v. Chr. ordnete er Sizilien, Griechenland und Kleinasien, wobei es ihm im Jahre 20 gelang, die einst von den Parthern erbeuteten Feldzeichen durch einen **Friedensvertrag** mit diesem Volk zurückzubekommen.
Im Jahre 19 v. Chr. ordnete Augustus die Veröffentlichung der **Aeneis** des Dichters Vergil an, die den Prinzeps als Krone der römischen Geschichte preist. Um dem sittlichen Verfall Einhalt zu gebieten, ließ er verschiedene Gesetze verabschieden *(leges Iuliae)*, mit denen er versuchte, die **Sittenstrenge der Ahnen** wiederzubeleben. Von 16 bis 9 v. Chr. ließ Augustus verschiedene Gebiete nördlich des Reiches erobern; danach errichtete er in Rom den **Altar des Friedens** *(ara pacis)*. Zu dem ihm im Jahre 12 verliehenen Titel des *Pontifex maximus* (Oberpriester) kam im Jahre 2 v. Chr. die Ernennung zum *Pater patriae* (Vater des Vaterlandes). Über seine Taten verfasste der Kaiser einen **Rechenschaftsbericht** *(res gestae)*, von dem in Stein gemeißelte Kopien überall im Reich aufgestellt wurden. 4 n. Chr. adoptierte Augustus seinen Stiefsohn Tiberius. 9 n. Chr. sorgte die **Niederlage des Varus** im Teutoburger Wald für Unruhe in Rom.
Am 19. August **14 n. Chr.** starb Augustus in Nola; am 17. September beschloss man für ihn göttliche Ehren. Sein Nachfolger wurde Tiberius.

4.5 M. Antonius

Marcus Antonius wurde um 82 v. Chr. geboren. Er diente zunächst als Reiterpräfekt und kam 54 zum Stab Caesars in Gallien. Als Volkstribun vertrat er 49 v. Chr. die Interessen Caesars im Senat, aus dem er aber bald verwiesen wurde. Caesar ernannte ihn zum **Legaten**. Während der Zeit des Bürgerkriegs zwischen Pompeius und Caesar war Antonius Verwalter (Proprätor) Italiens und nahm auch an der Entscheidungsschlacht bei Phársalus teil. 44 war er zusammen mit Caesar Konsul.
Nach dessen Tod versuchte er, Caesars altgediente Soldaten auf seine Seite zu ziehen und Octavius' testamentarische Adoption zu verhindern. Cicero wetterte in seinen **„Philippischen Reden"** gegen Antonius und versuchte, ihn vom Senat zum Staatsfeind *(hostis)* erklären zu lassen, gegen den man militärisch vorgehen müsse. In den folgenden Auseinandersetzungen zwischen Antonius' Truppen und denen des Senats unter Octavian unterlag Antonius bei

Mutina. Durch Vermittlung des Lépidus, eines Vertrauten des Antonius, kam ein Treffen der beiden Gegner zustande, bei dem sie zusammen mit Lepidus ein strategisches Bündnis eingingen **(2. Triumvirat, 43 v. Chr.)**, um zunächst einmal gemeinsam gegen die Caesar-Mörder vorzugehen. Deren endgültige Vernichtung in der Schlacht bei **Philippi (42 v. Chr.)** war maßgeblich auf das militärische Geschick Antonius' zurückzuführen. Nach diesem Sieg hielt sich Antonius im Osten des Reiches auf. 41 v. Chr. traf er mit der Königin **Kleopatra** VII. zusammen, um Ägypten auf seine Seite zu ziehen. Im Vertrag von Brundisium (40 v. Chr.) teilten sich die Triumvirn das Reich auf: Antonius sicherte sich dabei die Vorherrschaft im Osten.
Der Kampf um die Spitzenstellung im Staate ließ sich durch die Abgrenzung von Einflussbereichen jedoch nicht verhindern: Antonius wurde im Westen immer offener kritisiert und zum Feind des Reiches stilisiert. Im Frühjahr des Jahres **31 v. Chr.** begann Octavian den offenen Kampf gegen seinen Rivalen, den er im September mit dem Sieg in der **Seeschlacht bei Actium** für sich entscheiden konnte. Antonius und Kleopatra nahmen sich am 01. 08. 30 in Alexandria das Leben, nachdem sich die Statthalter der römischen Ostprovinzen auf die Seite Octavians geschlagen hatten und Ägypten nicht mehr zu halten war.

4.6 C. Sallustius Crispus

Gaius Sallustius Crispus wurde im Jahre 86 v. Chr. in der kleinen Stadt Amiternum nördlich von Rom geboren. Er kam in jungen Jahren nach Rom, wo er sich bald der Politik zuwandte. Die Quästur bekleidete er wohl im Jahre 54 v. Chr. Im Jahre 52 v. Chr. unterstützte er als **Volkstribun** C. Iulius Caesar.
Angeblich wegen sittenwidrigen Verhaltens, wahrscheinlich aber wegen seiner **Parteinahme für Caesar** wurde er 50 v. Chr. von den Zensoren aus der Senatorenliste gestrichen. Bei Ausbruch des Bürgerkrieges kämpfte Sallúst wieder auf Caesars Seite, der ihm 48 v. Chr. seinen senatorischen Rang wiedergab – Sallust wurde noch einmal Quästor, 46 v. Chr. dann Prätor. Caesar beauftragte ihn mit der Verwaltung der neu gebildeten Provinz *Africa nova*. Von seiner Statthalterschaft dort kehrte Sallust mit einem großen Vermögen zurück.
Nach Caesars Ermordung (15. 3. 44 v. Chr.) war auch für Sallust die Zeit der aktiven politischen Betätigung vorbei. Er wandte sich nun der **Geschichtsschreibung** (Historiographie) zu und verfasste drei berühmt gewordene Werke, die seine pessimistische Sicht der römischen Geschichte deutlich machen: die *Catilinae Coniuratio* (Verschwörung des Catilina), das *Bellum Iugurthinum*

(Krieg gegen Iugurtha) und die nur in Bruchstücken erhaltenen *Historiae* (Geschichte), die einst in fünf Büchern die römische Geschichte von Sullas Tod (78) bis zum Seeräuberkrieg des Pompeius (75) behandelten. Sallusts Stil ist von **Archaïsmen** (alten Wörtern und Formen) geprägt, die seiner Hochachtung für die alte, sittenstrenge und würdevolle Zeit geschuldet sind. Eine Novität in der antiken Geschichtsschreibung waren seine Ausführungen darüber, dass Moral und Unmoral auch in der Politik treibende Kräfte sind. Sallust starb 35 v. Chr.

4.7 P. Vergilius Maro

Publius Vergilius Maro wurde im Jahre 70 v. Chr. bei Mantua geboren; sein Vater, ein selbstständiger Bauer, starb früh. Vergil genoss die für höhere Kreise übliche Bildung: Grundschule (in Cremona), Literaturschule (in Mailand) und Rhetorenschule (in Rom). Während seiner Zeit in Rom verfasste er erste **Gedichte** und machte die Erfahrung, nicht in der Öffentlichkeit sprechen zu können. Damit war es ihm unmöglich, die angestrebte politische Laufbahn weiterzuverfolgen. Vergíl beschäftigte sich stattdessen in einer Philosophenschule mit **Philosophie**, **Medizin und Mathematik** und eignete sich ein großes Wissen in allen Disziplinen an.

Ein schwerer Schicksalsschlag war für ihn die Enteignung des väterlichen Landguts (42 v. Chr.) und dessen Vergabe an Veteranen Octaviáns; als der Dichter es durch die Vermittlung einflussreicher Gönner (vielleicht sogar Octavians selbst) zurückerhielt, schien ihm dies wie ein Wunder.

Wie hoch die künstlerischen Maßstäbe Vergils lagen, kann gut daran ermessen werden, dass er an seinem ersten größeren Werk *Bucolicá* (Hirtengedichte), einer Sammlung von zehn Gedichten, vier Jahre gearbeitet hatte, bis es 39 v. Chr. veröffentlicht wurde. Zehn Jahre später erschien sein zweites größeres Werk *Georgicá* (Landleben). Seine Dichtungen brachten ihrem zurückgezogen lebenden Schöpfer so große Bewunderung ein, dass man sich bei seinem Erscheinen im Theater wie vor Octavian selbst von den Plätzen erhob.

Vergils Lebenswerk ist das Epos **Aenéis**, in dem er die beiden ältesten Werke der europäischen Literatur, die Epen *Ilias* und *Odyssee* des griechischen Dichters Homer, fortzusetzen, zu verbinden und zu übertreffen bemüht war. Das Werk schildert die **Irrfahrten des trojanischen Helden Aenéas** und seiner Gefährten ausgehend vom zerstörten Troja bis zu ihrer Ankunft in Latium sowie die anschließenden Auseinandersetzungen um die Aufnahme der Trojaner in Italien. In mehreren Zukunftsvisionen wird dem Aeneas die römische Geschichte vor Augen geführt, als deren strahlende, den Frieden bringende

Siegerfigur die Gestalt des **Augustus** erscheint. Die Arbeit an der *Aeneis* wurde vom Prinzeps mit starkem Interesse verfolgt.
19 v. Chr. starb Vergil während einer Studienreise an Bord eines Schiffes. In seinem Testament hatte er festgeschrieben, dass die *Aeneis* vernichtet werden solle, da er sie nicht seinen hohen Ansprüchen genügend vollenden konnte. Augustus setzte sich jedoch darüber hinweg und ordnete die Veröffentlichung des Werkes an. Die *Aeneis* wurde sofort Schullektüre und blieb auch in Mittelalter und Neuzeit ein Klassiker.

5 Übersicht über wichtige Werke Ciceros

5.1 Reden

Orationes in Verrem – Reden gegen Verres
Cicero klagte im Jahre **70 v. Chr.** auf Bitten der Bewohner Siziliens, bei denen er wegen seiner vorbildlichen Amtsführung als Quästor des Jahres 75 in hohem Ansehen stand, den C. Cornelius **Verres** an, der die Provinz von 73 bis 71 als Proprätor verwaltet und dabei in unerhörter Weise alles Recht und Gesetz missachtet hatte, v. a. um sich persönlich zu bereichern.

Verres' Verteidiger in diesem Prozess war der damals angesehenste Anwalt Roms, Q. Hortensius Hortalus. Cicero musste sich in einer Vorverhandlung zunächst gegen Q. Caecilius Niger, einen von der Verres-Clique aufgebotenen zweiten Anwalt, das Recht erstreiten, **Sizilien** vertreten zu dürfen.
Nachdem ihm dies gelungen war, stellte Cicero in der 1. Verhandlung *(actio prima)* seine Anklagepunkte kurz vor und kündigte die Aufnahme der Beweise in der 2. Verhandlung *(actio secunda)* an. Zu dieser 2. Verhandlung kam es jedoch nicht mehr, da Verres bereits nach Ciceros erster Rede freiwillig ins **Exil** gegangen war.
Ciceros erster Auftritt in einem Strafprozess war ein voller Erfolg; der **Triumph über Hortensius** bescherte nun ihm den Ruf des besten Anwalts Roms. Das umfangreiche Beweismaterial, das Cicero für die 2. Verhandlung gesammelt hatte, verarbeitete er in weiteren fünf Reden, die zwar schriftlich veröffentlicht, aber nie gehalten wurden.

Inhaltsübersicht über die Reden gegen Verres:

- *Divinatio in Q. Caecilium* (Rede im Vorverfahren gegen Q. Caecilius)
  Cicero erklärt, warum nur er allein die Anklage sachgerecht vertreten könne.
- *Oratio in Verrem prima* (Erste Rede gegen Verres)
  Aufdeckung des Planes zur Verschleppung des Prozesses durch die Verres-Clique und Ankündigung der sofortigen Beweisaufnahme
- *Oratio in Verrem secunda* (Zweite Rede gegen Verres)
  1. Buch *(De praetura urbana):* Vorleben des Angeklagten
  2. Buch *(De iurisdictione Siciliensi):* Vergehen in Justiz und Verwaltung
  3. Buch *(De frumento):* Steuererpressungen
  4. Buch *(De signis):* Kunstraub
  5. Buch *(De suppliciis):* Verres' Missbrauch seiner militärischen Befugnisse

Oratio de imperio Cn. Pompei – Rede über den Oberbefehl des Cn. Pompeius

In seiner ersten politischen Rede sprach sich Cicero als Prätor des Jahres **66 v. Chr.** für den Antrag des Volkstribunen C. Manilius aus, dem Feldherrn **Cn. Pompeius Magnus** den Oberbefehl für den Krieg gegen den pontischen König **Mithridates** VI. zu übertragen, der 67 v. Chr. den Osten des Reiches besetzt hatte.
Zu dem Zeitpunkt, als Cicero seine klar gegliederte und glanzvolle Rede hielt, stand die Ernennung des Pompeius schon fest, sodass er darauf bauen konnte, mit seinen Ausführungen die Zustimmung seiner Hörer zu finden und sich so ihre Gunst zu sichern – nicht zuletzt, um dadurch auch für seine anstehende Wahl zum Konsul Wählerstimmen zu gewinnen.

Nach Ausführungen über die Art des zu führenden Krieges kommt Cicero auf dessen Größe und dann auf die Wahl des geeigneten Feldherrn zu sprechen. Für diesen Posten sei keiner so geeignet wie Pompeius, dessen Lobpreis Cicero ganz im Stil eines griechischen *Panegýrikos* (Lobrede) gestaltet.

Orationes in Catilinam – Reden gegen Catilina

L. Sergius **Catilina** (108–62 v. Chr.) entstammte einer alten Adelsfamilie, war jedoch aufgrund seines verschwenderischen und sittenlosen Lebenswandels stets in arger Geldnot. Unter Sulla konnte er sich etwas sanieren und auch alle seine Rivalen beseitigen, sodass er bis 69 v. Chr. die Ämterlaufbahn bis zum Prätor durchlaufen konnte. Als Proprätor der Provinz *Africa* verhielt er sich so gesetzeswidrig, dass er von der Provinz angeklagt und dadurch für das Jahr 65 v. Chr. von den Konsulatswahlen ausgeschlossen wurde. 64 und 63 trat er dazu noch zweimal an, fiel aber beide Male durch. Nun verlegte er sich darauf, eine **Verschwörung** anzuzetteln, um die bestehende Staatsform durch einen Putsch zu beseitigen, die Konsuln und andere hohe Beamte zu töten und so sich selbst und seine Anhänger an die Macht zu bringen.

Cicero, als **Konsul des Jahres 63**, erreichte es vom Senat, dass dieser den Konsuln durch ein *senatus consultum ultimum* unbeschränkte Vollmachten zur Niederschlagung dieser Bedrohung übertrug. Durch einen Informanten aus den Reihen der Verschwörer wurde Cicero laufend über die Pläne und Maßnahmen der Catilinarier ins Bild gesetzt und konnte so u. a. einen Mordanschlag auf sich selbst abwenden.

In einer am nächsten Tag unter strengen Sicherheitsvorkehrungen einberufenen Senatssitzung wollte Cicero den Catilina zum **Staatsfeind** *(hostis)* erklären lassen; überraschenderweise erschien der Beschuldigte jedoch unverblümt in der Sitzung, um den Anschein zu erwecken, er habe mit der Sache nichts zu tun und sei völlig unschuldig. Das brachte beim Konsul das Fass zum Überlaufen: In einer Stegreifrede **(1. Catilinarische Rede)** griff er Catilina mit den schärfsten Worten an und enthüllte dessen Pläne. Dieser stürzte daraufhin unter Drohungen aus dem Senat. Noch in derselben Nacht verließ er Rom und begab sich nach Etrurien (nördlich von Rom) zu seinem Mitverschwörer Manlius, der dort ein Heer versammelt hatte.

Da die in der Stadt zurückgebliebenen Verschwörer die Stimmung gegen den Konsul schürten und überall verbreiteten, Catilina sei nicht von selbst geflohen, sondern von Cicero widerrechtlich vertrieben worden, sah sich der Konsul veranlasst, in einer Volksversammlung die Lage der Dinge zu schildern: einerseits, um die gutgesinnten Bürger zu beruhigen, andererseits, um die in Rom verbliebenen Anhänger Catilinas einzuschüchtern **(2. Catilinarische Rede)**.

Durch die Hilfe einer Delegation der gallischen Allóbroger, die damals in Rom weilte, gelangte der Konsul an Briefe der Verschwörer, welche die Namen hochrangiger Catilinarier verrieten. Cicero ließ diese, ohne ihnen den wahren Grund dafür zu nennen, in den Senat kommen, legte ihnen dort das Beweismaterial vor und nahm sie nach ihrem Geständnis in Haft. In seiner anschließenden Rede vor dem Volk **(3. Catilinarische Rede)** schilderte der Konsul, was im Senat vorgefallen war.
In der folgenden Senatssitzung wurde beraten, was mit den ergriffenen Verschwörern geschehen solle. Zunächst plädierten viele dafür, sie als Hochverräter hinzurichten. C. Iulius Caesar jedoch sprach sich dafür aus, ihr Vermögen einzuziehen und sie in verschiedenen Landstädten Italiens in lebenslanger Haft zu halten; andernfalls könne es nämlich sein, dass sich nicht zuletzt der Konsul großer Gefahr aussetze, für ein rechtlich nicht unanfechtbares Todesurteil zur Rechenschaft gezogen zu werden. Als viele Senatoren schwankend wurden und Caesar zustimmten, erhob sich Cicero und ermahnte sie, an ihre Verantwortung dem Staat gegenüber zu denken und auf ihn keine Rücksicht zu nehmen **(4. Catilinarische Rede)**. Auch der jüngere Cato hielt es für notwendig, entlarvte Staatsfeinde hinzurichten, da man sich sonst nie mehr sicher fühlen könne. Nach den Sitten der Vorfahren *(mos maiorum)* gebe es nur eine Strafe für Hochverrat – den Tod *(supplicium)*. Beeindruckt von dieser Rede stimmten letztlich die meisten Senatoren für die **Hinrichtung der Catilinarier**; sie wurde noch am selben Abend vollzogen.
Catilina selbst kämpfte an der Spitze seiner Truppen tapfer und verzweifelt gegen das Staatsheer unter Führung des anderen Konsuls C. Antonius Hybrida und fiel in der Schlacht bei Pistorium.
Das Todesurteil für die Catilinarier wurde Cicero später in der Tat zum Verhängnis, als sein Intimfeind P. **Clodius** als Volkstribun im Jahre 58 v. Chr. ein Gesetz durchbrachte, das auch rückwirkend jeden ächtete, der römische Bürger ohne ordentliche Gerichtsverhandlung und ohne die Zustimmung des Volkes hatte hinrichten lassen. Cicero ging daraufhin ins **Exil**, aus dem er u. a. auf Betreiben des Pompeius ein Jahr später ehrenvoll zurückberufen wurde.

Oratio pro Murena – Rede für Murena

Während seines Konsulats (63 v. Chr.) verteidigte Cicero den unter seinem Vorsitz für das folgende Jahr gewählten („designierten“) Konsul L. **Murena**, der von seinem unterlegenen Mitbewerber Sulpicius, einem Freund Ciceros, und dem sittenstrengen jüngeren Cato angeklagt worden war, **sich das Amt unrechtmäßig erschlichen zu haben** *(de ambitu)*. Cicero wollte es in der politisch angespannten Situation, die damals herrschte, auf jeden Fall vermeiden, dass die Wahl Murenas annulliert würde und somit das nächste Jahr mit nur einem Konsul begonnen werden müsste. Der Stil dieser Rede unterscheidet sich deutlich von dem der Catilinarischen Reden, denn die Konstellation der beteiligten Personen und das vornehmliche Anliegen des Konsuls schufen eine Situation, die man eigentlich nur mit Humor meistern konnte: So wurde *Pro Murena* die wohl heiterste Rede Ciceros.

Oratio pro Sestio – Rede für Sestius

P. **Sestius** wurde im Jahre 56 v. Chr. auf Betreiben Clodius' **wegen Gewaltanwendung** *(de vi)* angeklagt. Cicero übernahm die Verteidigung dieses Mannes, der sich als Volkstribun des Jahres 57 für Ciceros Rückberufung aus dem Exil eingesetzt hatte, und nutzte diese Gelegenheit auch, um sein politisches Programm der **Eintracht aller Gutgesinnten** *(concordia omnium bonorum)* zu erläutern.

Orationes Philippicae in Antonium – Philippische Reden gegen Antonius

Nach Caesars Ermordung (15. 03. 44 v. Chr.) schien der Staat von der Alleinherrschaft eines Diktators befreit; die Wiederherstellung der von Cicero stets in Ehren gehaltenen *res publica libera* schien noch einmal möglich zu sein. Da beanspruchte es M. **Antonius**, die Nachfolge Caesars antreten zu dürfen. Er wurde daraufhin von Cicero in vierzehn Reden äußerst heftig angegriffen, die man mit Bezug auf die Reden des griechischen Staatsmannes Demósthenes gegen den König Philipp von Makedonien **„Philippische Reden"** nannte. Cicero sah seine Aufgabe darin, an der Spitze des Senats gegen Antonius vorzugehen und somit die Republik gegen diesen **Staatsfeind** *(hostis)* zu verteidigen.

Als es im Jahre 43 v. Chr. zum Bündnis zwischen Antonius, Octavián und Lépidus kam (2. Triumvirat), ließ Antonius den ihm verhassten Cicero auf die **Proskriptionslisten** setzen und ermorden. Ciceros Kopf und seine Hände, mit denen er die *Philippicae* niedergeschrieben hatte, ließ er auf der Rednertribüne in Rom *(rostra)* aufgespießt zur Schau stellen.

Nachdem Octavian als Sieger aus dem letzten Bürgerkrieg hervorgegangen war, ernannte er Ciceros Sohn zum Konsul des Jahres 30 v. Chr., obwohl dieser noch kein anderes Staatsamt bekleidet hatte, und verschaffte ihm damit die Genugtuung, an der Stelle, an welcher der Kopf seines Vaters gesteckt hatte, das Edikt mit der *damnatio memoriae* des Antonius anschlagen zu können.

Die **damnatio memoriae** galt als die schlimmste Strafe, die ein Römer erhalten konnte. Sie bedeutete, dass jede Spur des betreffenden Menschen, alle schriftlichen, bildlichen und sonstigen Zeugnisse vernichtet wurden: Statuen wurden gestürzt, Bilder übermalt, Inschriften ausgemeißelt, Urkunden verbrannt – nichts sollte mehr an ihn erinnern, so als hätte es ihn nie gegeben.

5.2 Philosophische Schriften

Ciceros Leistung auf dem Gebiet der Philosophie besteht in erster Linie darin, die Ansichten der griechischen Philosophenschulen in klarer und ansprechender Weise den Römern vermittelt zu haben. Er schuf die dafür benötigte **Fachsprache** und verstand es meisterhaft, die Gedanken der Griechen in mustergültigem Latein wiederzugeben. Er bemühte sich, allen philosophischen Systemen gerecht zu werden, zeigte aber doch eine besondere persönliche Vorliebe für die Lehre der skeptischen Akademie (vgl. S. 140). Gemäß der römischen Neigung zum praktischen Denken vermied es Cicero in seinen philosophischen Schriften, Philosophie um ihrer selbst willen zu betreiben: Stets ist ein Ziel, ein **Nutzen der Philosophie** erkennbar – sie gilt Cicero als **Führerin und Lenkerin des Lebens**.

De re publica – Über den Staat

In Anlehnung an Platons staatstheoretisches Werk *Politéia* schuf Cicero im Jahre 55 v. Chr. seine dialogische Schrift *De re publica,* in der es ihm weniger um philosophische Gedanken über den Staat an sich geht, als vielmehr um die *res publica libera Romana*, die er politisch und philosophisch stärken wollte. Neben Überlegungen dazu, was einen Staat eigentlich ausmache, findet sich in *De re publica* die berühmte Verherrlichung der in der römischen Republik verwirklichten **Mischverfassung** als die beste aller denkbaren Staatsformen, da sie monarchische (Beamte), oligarchische (Senat) und demokratische (Volksversammlung) Elemente vereine (vgl. S. 119). Ausführungen darüber, dass der politisch Tätige *(rector civitatis)* seinen Lohn nicht nur in den ihm entgegengebrachten Ehrungen im Diesseits, sondern auch in seinem Fortleben in der Ewigkeit erhalte *(Somnium Scipionis)*, bilden den ergreifenden Abschluss des Werkes.

Tusculanae disputationes – Gespräche in Tusculum

Die im Jahre 45 entstandene Schrift enthält fiktive **Dialoge über ethische Themen**: Verachtung der Todesfurcht, Ertragen von Schmerz, Linderung des Kummers, die übrigen Gemütsbewegungen, Tugend als Garant eines glücklichen Lebens. Mit dem *Tusculanum* ist Ciceros Landgut gemeint, das den Schauplatz der Gespräche bildet.

Cato maior de senectute **– Cato der Ältere über das Greisenalter**

In dieser 44 v. Chr. entstandenen Schrift legt Cicero dem älteren Cato weise Gedanken zum Thema **„Alter“** in den Mund, mit denen er die landläufigen Vorurteile gegen das Älterwerden zu entkräften sucht.

Laelius de amicitia **– Laelius über die Freundschaft**

Das 44 v. Chr. entstandene kleine Werk behandelt in lebendiger Darstellung den Wert einer wahren **Freundschaft** und gibt Hinweise zum Erringen, Halten und Beenden solcher Beziehungen.

De officiis **– Über die Pflichten**

Ciceros letztes philosophisches Werk – entstanden 44 v. Chr. – ist seinem Sohn Marcus gewidmet, der sich zu Studien in Griechenland aufhielt. In drei Büchern handelt es (1.) vom sittlich Guten *(honestum),* (2.) vom Nützlichen *(utile)* und (3.) vom Widerstreit und der Verknüpfung beider.

Von allen philosophischen Schriften Ciceros hatte dieses die größte Nachwirkung; noch Friedrich der Große nannte es „das beste Buch über Moral“.

5.3 Rhetorische Schriften

De oratore **– Über den Redner**

Das bedeutendste seiner rhetorischen Werke schrieb Cicero während der Zeit seines erzwungenen Rückzugs aus der Politik im Jahre 55 v. Chr. In dialogischer Form enthalten die drei Bücher Ausführungen zu dem Verhältnis zwischen Redekunst und sonstiger Bildung (Cicero zeichnet hier sein Bild vom allseitig gebildeten Redner, dem *orator perfectus*) und zu den *officia oratoris* (vgl. S. 91), die zwar an sich ein eher trockener Stoff sind, durch das meisterhafte Einflechten von allgemeinen philosophischen Gedanken jedoch sehr anschaulich und nachdrücklich dargestellt werden.

Brutus

Ciceros Schrift *Brutus* (gewidmet seinem Freund Brutus, dem späteren Caesar-Mörder) behandelt – wiederum in Dialogform – die **Geschichte der römischen Rhetorik** und enthält auch eine Würdigung des literarischen Schaffens Caesars.

5.4 Briefe

Die mehr als 900 erhaltenen Briefe Ciceros – privater und öffentlicher Natur – tragen in erster Linie dazu bei, dass wir über diesen Mann weitaus besser informiert sind als über jede andere Gestalt der Antike. Die meisten der Briefe waren nicht zur Veröffentlichung bestimmt – bei einigen von ihnen hätte

Cicero sicher sogar heftige Einsprüche erhoben, denn sie zeigen uns **die ganze Persönlichkeit** des Politikers, Redners, Philosophen, Freundes, Bruders, Ehemanns und Vaters in Jubel und Freude ebenso wie im Alltag oder in Trauer, Leid, Einsamkeit und Selbstmitleid. Wer über Cicero etwa nur auf der Grundlage seiner Reden urteilen wollte, könnte seiner vielschichtigen, facettenreichen Persönlichkeit niemals gerecht werden. Erst seine Briefe stellen uns diesen Mann in allen denkbaren Lagen vor Augen.

Bedeutsam sind die Briefsammlungen *Ad Quintum fratrem* (An den Bruder Quintus), *Ad Atticum* (An [seinen Freund] Atticus) und *Ad familiares* (An seine Freunde [und Verwandten]), in denen sich auch **viele tagespolitische Notizen** finden, die nicht zuletzt dazu beitragen, dass wir z. B. die Ereignisse während der Zeit des Bürgerkrieges zwischen Caesar und Pompeius nahezu Tag für Tag rekonstruieren können.

6 Gesellschaftsstruktur und politisches Leben

6.1 Die römischen Stände

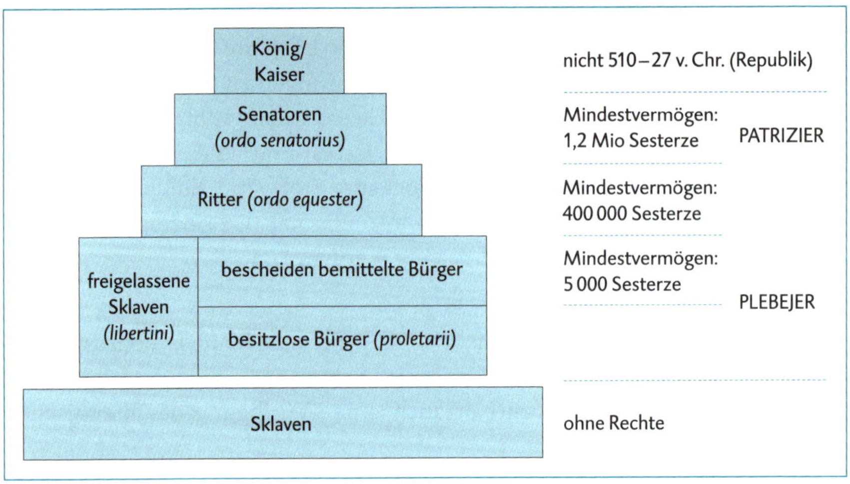

6.2 Das politische Leben

In der Frühzeit Roms hatte ein **König** *(rex)* die führende Stellung im Staate inne. Ihm zur Seite standen die Angehörigen des alteingesessenen Adels, aus

denen sich der Ältestenrat, der **Senat** *(senatus)*, zusammensetzte, dessen Aufgabe es war, den König bei seinen Entscheidungen zu beraten.
Nach der Vertreibung des letzten Königs (510 v. Chr.) war man darauf bedacht, es auf jeden Fall zu verhindern, dass noch einmal eine Einzelperson zu einer nicht mehr kontrollierbaren Machtfülle gelangen konnte. So entstand das vielgliedrige Regierungssystem der römischen **Republik**, das sich aus drei Elementen zusammensetzte.

a) Zur **Volksversammlung** *(comitia)* gehörten alle erwachsenen, männlichen Bürger. Die Volksversammlung war in Vermögensklassen *(centuria)* eingeteilt, die bei Abstimmungen und Wahlen jeweils eine Stimme besaßen: So wog die Meinung der vermögenden Bürger letztlich mehr als die der ärmeren Schichten. Die offizielle Anrede der versammelten Bürger Roms lautete *Quirites.*

b) Die **Beamten** *(magistratus)* nahmen jeweils bestimmte Aufgaben wahr und wurden von der Volksversammlung gewählt. Alle Ämter waren unentgeltliche Ehrenämter, weshalb es normalerweise nur den Reichsten, d. h. vor allem den Mitgliedern des Senatorenstandes, möglich war, sich für ein Amt zu bewerben. Die Ämter mussten gemäß dem **cursus honorum** (Ämterlaufbahn) eines nach dem anderen absolviert werden. Der reguläre *cursus honorum* beinhaltete folgende Ämter (in Klammern das jeweilige Mindestalter, wie es die *lex Cornelia* von 81 v. Chr. vorschrieb): **Quästur** (30) → **Ädilität** (37) → **Prätur** (40) → **Konsulat** (43). Wenn jemand ein Amt zum frühestmöglichen Zeitpunkt wahrnahm, so sagte man von ihm, er habe dieses Amt **suo anno** erlangt; wenn es einem Mann aus nichtsenatorischer Familie gelang, in die Ämterlaufbahn einzutreten, nannte man ihn einen **homo novus** („Emporkömmling").
Alle Ämter waren durch drei Prinzipien gekennzeichnet:
- das Prinzip der **Kollegialität**, d. h., jedes Amt war mit mindestens zwei gleichberechtigten Kollegen besetzt;
- das Prinzip der **Annuität**, d. h., man durfte das Amt nur für jeweils ein Jahr bekleiden;
- das Prinzip des gegenseitigen **Interzessionsrechts**, d. h., gegen Amtshandlungen eines Beamten, die einer seiner Kollegen für falsch hielt, konnte dieser Einspruch erheben und sie damit unterbinden.

Des Weiteren genoss jeder Beamte während seiner Amtszeit Immunität, musste sich aber (mit Ausnahme der Zensoren und des Diktators) nach Niederlegung des Amtes für eventuelle Übergriffe verantworten. Die beiden obersten Ämter (Konsul, Prätor) waren mit dem **imperium** („Oberbe-

fehl“) verbunden, das die Amtsinhaber u. a. berechtigte, Truppen zu kommandieren (vgl. S. 126).
Das Schaubild weiter unten führt u. a. auch die Zuständigkeitsbereiche der Ämter sowie die außerhalb des *cursus honorum* stehenden **Sonderämter** auf.

c) Der **Senat** *(senatus)* setzte sich anfangs nur aus den Angehörigen der alten Adelsgeschlechter zusammen. Später wurde er aber auch durch den Amtsadel ergänzt, weil gewesene Beamte – also auch *homines novi* – nach ihrer Amtszeit in die Senatorenliste aufgenommen wurden. Die offizielle Anrede der versammelten Senatoren lautete deshalb *patres conscripti* („Väter und Dazugeschriebene“). Der Senat beriet die Beamten bei ihren Entscheidungen, erließ Senatsbeschlüsse *(senatus consultum)* und organisierte die Verwaltung der Provinzen.

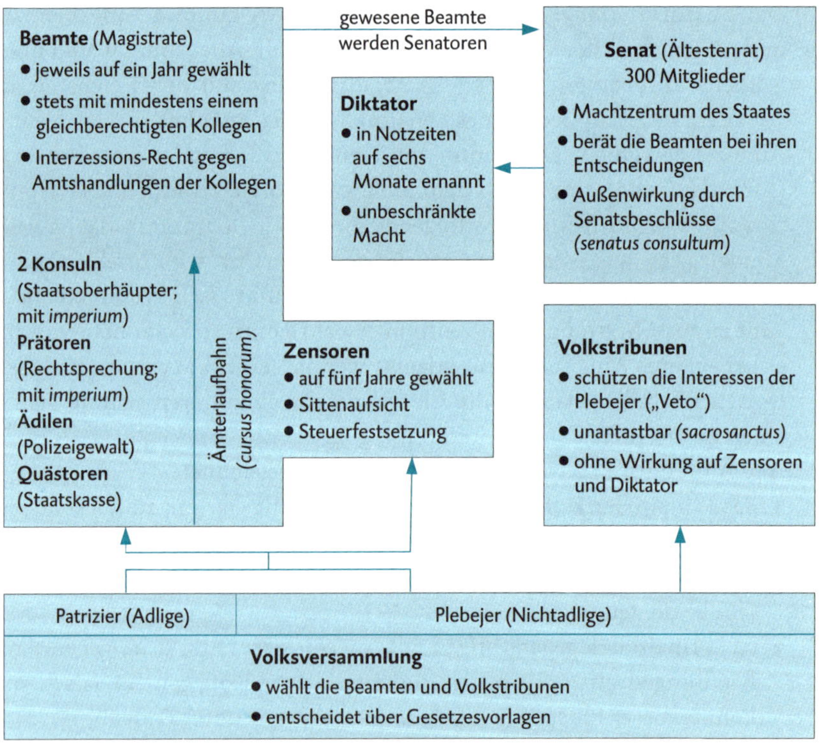

Die Verfassung der Republik (bis zu Sulla)

In der Spätphase der Republik verlor die altbewährte Form der Verfassung immer mehr an Bedeutung: Sulla erweiterte den Senat auf 600 Mitglieder, unter

Caesar hatte er zeitweise über 900. Der *cursus honorum* wurde immer weniger beachtet, so wurde z. B. Pompeius 70 v. Chr. Konsul, ohne dass er vorher ein anderes Amt innegehabt hatte. Die Amtszeiten wurden nicht mehr eingehalten, die Befugnisse der Ämter vermischten sich oder gingen weit über das bisher Vorgesehene hinaus, bis mit der Stellung Caesars als Diktator auf Lebenszeit jede Regelmäßigkeit verschwunden war.Nachdem **Octavián** all seine Gegner besiegt und den Staat in befriedetem Zustand dem Senat und Volk von Rom zurückgegeben hatte (27 v. Chr.), schien die alte Verfassung wiederhergestellt zu sein. Octavian, den der Senat mit dem Titel „Augustus" auszeichnete, nannte sich selbst *princeps inter pares* („der erste Mann unter gleichen Mitbürgern") – ein Titel, den ihm wegen seiner Verdienste ein Großteil der Bevölkerung gern zugestand.

Dass der **Prinzeps** aber eben doch weit mehr vermochte als jeder andere, beruhte auf der Augustus allerseits entgegengebrachten Bewunderung und seiner glücklichen Hand bei der Auswahl seiner Helfer und Berater, die für ihn in der Innenpolitik agierten (Messalla), für ihn im In- und Ausland als Diplomaten auftraten (Maecénas) und seine Schlachten für ihn schlugen (Agrippa). All dies vermehrte das Ansehen des Prinzeps so sehr, dass man seine Wünsche mehr aus Achtung als aus Gehorsam erfüllte.

Bereits ab seinem Nachfolger jedoch war das Reich in einer Form gestaltet, die einer absoluten Monarchie sehr ähnlich war. Der Senat, die Ämter und die anderen Einrichtungen der Republik wurden fast nur noch geduldet, um die Illusion der Mitbestimmung durch das Volk zu erhalten – die Macht jedoch lag allein beim **Kaiser**.

7 Römisches Recht

7.1 Quellen des römischen Rechts

Als Quellen des römischen Rechts sind nicht nur die Gesetze anzusehen, sondern auch die Volks- und die Senatsbeschlüsse, die Edikte der Beamten und – in der Kaiserzeit – auch die Verordnungen der Kaiser sowie die Gutachten der Rechtsgelehrten.

a) Die älteste Rechtsquelle ist mit Sicherheit das **Gesetz** *(lex)*. Bereits in der Königszeit gab es Gesetze, die jedoch nicht etwa vom König erlassen, sondern lediglich von ihm vorgeschlagen („eingebracht") wurden. Das Recht, einen Gesetzesantrag anzunehmen oder abzulehnen, lag beim Volk. Nach der Abschaffung der Monarchie und der Einführung der Republik blieb dieses Prinzip weiterhin bestehen: Die Konsuln und Prätoren übernahmen als Rechtsnachfolger des Königs die Aufgabe, der (Gesamt-)Volksversammlung Gesetze vorzuschlagen, die dann von dieser gebilligt oder abgelehnt wurden.

Die frühesten schriftlich fixierten römischen Rechtsvorschriften finden sich in Form der **Zwölftafelgesetze**, einer um 450 v. Chr. entstandenen Aufzeichnung des geltenden Gewohnheitsrechts, die sich die unteren Volksschichten in den sog. Ständekämpfen erstritten hatte. Die kurzen Paragrafen dieser in Bronze gravierten und auf dem Forum aufgestellten Tafeln enthielten grundlegende Regelungen zum Privat-, Sakral- und Strafrecht, die im konkreten Fall sicher ausgedeutet werden mussten, wofür vermutlich die Priester zuständig waren.

b) Ein Beschluss der (Plebejer-)Volksversammlung, der sog. **Volksbeschluss** *(plebiscitum)*, wurde ohne Hinzuziehung der Patrizier gefasst. Aus diesem Grund erkannten die Patrizier Volksbeschlüsse oft nicht als den Gesetzen gleichgestellte Vorschriften an. Erst die *lex Hortensia* von 287 v. Chr. regelte, dass in der Verbindlichkeit für das Gesamtvolk zwischen Plebisziten und Gesetzen kein Unterschied zu machen ist.

c) Ob ein **Senatsbeschluss** *(senatus consultum)* Gesetzeskraft besitze oder nicht, ist stets eine strittige Frage geblieben. Fest steht, dass der Senat die Beamten (wie schon die Könige) beraten sollte und deren Entscheidungen durch seine Beschlüsse ein größeres Gewicht verleihen konnte.

Ein besonderer Senatsbeschluss war das **senatus consultum ultimum** (SCU), bei dem der Senat mit der Formel *videant consules, ne quid detrimenti res publica capiat* („Die Konsuln mögen dafür sorgen, dass der Staat keinen Schaden nimmt.") den Staatsnotstand verkündete und die Imperiumsträger (Konsuln und Prätoren) ermächtigte, alle Maßnahmen zu ergreifen, um die Sicherheit und Ordnung wiederherzustellen. Diese Beamten erhielten damit auch Vollmachten, die ihnen in normalen Zeiten nicht zustanden, z. B. sogar das Recht zur Hinrichtung römischer Bürger ohne ordentlichen Prozess und ohne Anrufung der Volksversammlung.

d) Vor allem die Prätoren als für die Rechtsprechung zuständige Beamte, aber z. B. auch die Statthalter der Provinzen regierten mit **Edikten** *(edictum)*.

e) Mit Beginn der Kaiserzeit verdrängten die **Verordnungen des Kaisers** *(constitutio)* zunächst die Gesetze und Plebiszite, danach auch die Senatsbeschlüsse, die bald nur noch für das Privatrecht Gültigkeit besaßen.

f) Immer bedeutsamer wurden mit der Zeit die **Rechtsgutachten der Fachjuristen** *(responsa iuris prudentium/consultorum)*. Waren diese in der Zeit der Republik unverbindlich und besaßen dort nur beratenden Charakter, so

wurden sie in der Kaiserzeit schnell immer wichtiger und hatten bald genauso Gesetzeskraft wie die Verordnungen des Kaisers selbst.
Die von Rechtsgelehrten verfassten Gesetzesbücher der Kaiserzeit, v. a. das *Corpus Iuris Civilis (CIC),* das auf Veranlassung des Kaisers Justinián (527–565) zusammengestellt wurde, erlangten große Bedeutung als Vorlagen für die Rechtsprechung und Gesetzgebung in ganz Europa („Römisches Recht").

7.2 Gültigkeit des Rechts für die Bewohner des Reiches

Die Möglichkeit zur Berufung auf das stadtrömische Recht *(ius civile)* war an den Besitz des römischen **Bürgerrechts** *(civitas)* gebunden. Dieses Bürgerrecht besaßen anfangs nur die Bewohner Roms selbst, nach der Ausdehnung des römischen Einflussbereichs auf Italien und auf andere Gebiete wurden einige der Bewohner dieser Gegenden mit dem Bürgerrecht ausgestattet, den meisten jedoch blieb es vorerst verwehrt.
Der im Jahre 242 v. Chr. neu geschaffenen Instanz des Fremdenprätors *(praetor peregrinus)* oblag fortan die Rechtspflege unter den Nichtrömern, wobei besonders ihrer Bündnistreue zu Rom große Bedeutung zugemessen wurde.
Wer sich auf sein römisches Bürgerrecht berufen konnte *(„civis Romanus sum"),* besaß gegenüber den Nichtrömern u. a. das Recht, sich an den Wahlen in Rom zu beteiligen, über Gesetzesvorlagen in der Volksversammlung mitzuentscheiden und ein gegen ihn verhängtes Todesurteil von der Volksversammlung in Rom überprüfen zu lassen **(Provokationsrecht)**.
Für wichtige Rechtsangelegenheiten von Nichtrömern (z. B. für die Bewohner der Provinzen) gab es verschiedene Gerichtshöfe, an die sich die Betroffenen wenden konnten. Als Nichtrömer mussten sie ihre Angelegenheiten dort jedoch durch einen Mittelsmann *(patronus; actor)* vertreten lassen (vgl. den Prozess gegen Verres, in dem Cicero als Anwalt Siziliens auftrat; S. 111 f.).

7.3 Römische Prozesspraxis

Es wurde streng zwischen privaten Streitigkeiten und Vergehen gegen die Interessen der *res publica* unterschieden. Demzufolge gab es auch verschiedene Verfahren für Privatprozesse *(iudicium civile)* und Strafprozesse *(iudicium publicum).* Beiden gemeinsam ist jedoch die Zweiteilung der Verhandlung in (1.) die Vorverhandlung beim Prätor, bei der die Klage geprüft und die Richter ernannt wurden, und (2.) die Urteilsfindung.
Im Folgenden soll nur auf den Strafprozess näher eingegangen werden; die Unterschiede zum Privatprozess bestehen im Wesentlichen darin, dass bei

diesem nach der Vorverhandlung das Urteil von einem Einzelrichter *(iudex)* mit Beirat *(consilium)* gefällt wurde und unabänderlich war.

Eine **Anklage** konnte von jedem Römer erhoben werden; Nichtrömer mussten sich durch einen *patronus* vertreten lassen.

Die **Gerichtshöfe** wurden von Fall zu Fall neu zusammengestellt. Für Amtsmissbrauch durch Provinzstatthalter gab es seit 194 v. Chr. einen ständigen Gerichtshof *(quaestio perpetua de repetundis)*, später wurden noch weitere ständige Gerichtshöfe eingerichtet.

Als **Richter** fungierten Laien, die aus einer Liste *(album)* ausgewählt wurden und zumeist dem Senatorenstand angehörten. Sowohl Kläger als auch Verteidiger konnten einzelne Richter ablehnen.

Als **Anwälte** traten oft mehrere Personen in Erscheinung: Einer vertrat die Rechtssache als *advocatus*, d. h., er verlieh seiner Partei durch sein persönliches Ansehen das nötige Gewicht; ein anderer hielt als *orator* die nach den Regeln der Rhetorik (vgl. S. 89 ff.) ausgearbeitete Anklage- oder Verteidigungsrede; oft wurde zudem ein *iuris consultus*, ein Fachjurist, hinzugezogen, der die rechtliche Seite betrachtete und Ratschläge für eine aussichtsreiche Anklage- bzw. Verteidigungsstrategie erteilte. Cicero konnte all diese Funktionen in einer Person vereinen.

Die eigentliche **Verhandlung** fand in der Regel auf dem *comitium*, dem vor der Kurie gelegenen Platz auf dem Forum Romanum, statt. Das Gericht unter Vorsitz des Prätors nahm dabei auf einer Bühne *(tribunal)* Platz.

Zur **Abstimmung über das Urteil** dienten den Richtern Holztäfelchen, die auf Vorder- und Rückseite mit Wachs bestrichen und mit den Buchstaben A (für *absolvo* – ich spreche frei) bzw. C (für *condemno* – ich verurteile) beschriftet waren. Der Richter löschte einen der Buchstaben aus und warf das Täfelchen dann in eine Urne. Das Urteil erfolgte nach Auszählung der Stimmen, wobei die einfache Mehrheit genügte.

Wer zum Tode verurteilt wurde, hatte als römischer Bürger ein **Provokationsrecht** *(provocatio ad populum)*, d. h., es musste ihm die Möglichkeit gegeben werden, den Urteilsspruch von der Volksversammlung überprüfen zu lassen.

8 Die Verwaltung der Provinzen

Im Ergebnis des 1. Punischen Krieges, den Rom gegen Karthago führte, wurde im Jahre 241 v. Chr. die Insel Sizilien zur ersten römischen Provinz *(provincia Romana)*. Durch Eroberungen, Schenkungen und Erbschaften wuchs die Zahl der als Provinzen von Rom abhängigen Gebiete bis letztlich über 40 an (vgl. die Karte auf S. 101).
Die Provinzen hatten Rom gegenüber eine **Treue-** und eine **Steuerpflicht**. Zur Treuepflicht gehörte es, dass die Bewohner der Provinzen Roms Oberherrschaft anerkannten und Soldaten für das römische Heer stellten. Im Gegenzug konnten sie erwarten, dass ihr Gebiet als Territorium des *imperium Romanum* von Rom geschützt wurde. Die Außenpolitik der Provinzen oblag dem Senat; in der kommunalen Verwaltung jedoch wurde den lokalen Behörden prinzipiell freie Hand gelassen. Über die Einhaltung der Treuepflicht wachten die von Rom in die Provinzen entsandten **Statthalter**. Dabei handelte es sich – weil sie das für eventuelle Militäraktionen nötige *imperium* besaßen – in der Regel um gewesene Prätoren oder Konsuln, die dann als **Proprätor** bzw. **Prokonsul** in der Provinz amtierten. Nicht selten nutzten diese Statthalter ihre Stellung aus, um sich in den Provinzen privat zu bereichern (vgl. die Statthalterschaft des Verres auf Sizilien, S. 111 f.).
Für die Eintreibung der Steuern existierte ein eigentümliches System, das sich der sog. **Steuerpächter** *(publicani)* bediente. Dabei handelte es sich in der Regel um vermögende Leute aus dem Ritterstand, die dem Staat am Anfang des Jahres die Gesamtsumme der von den Zensoren ermittelten Steuerschuld einer Provinz vorstreckten, um diese dann durch ihre – bei den Provinzialen verhassten – Helfer mit Gewinn wieder eintreiben zu lassen.
In der Kaiserzeit waren viele der Provinzen nicht mehr dem Senat, sondern direkt dem Kaiser unterstellt. Ihre Abgaben flossen nun nicht mehr in die Staatskasse, sondern an das Finanzamt des Kaisers *(fiscus)*.

9 Das römische Militär

9.1 Geschichte und Struktur des römischen Militärwesens

In der Frühzeit war das römische Heer ein **Milizheer**, d. h., es bestand nicht aus ständig einsatzbereiten Berufssoldaten, sondern wurde von Fall zu Fall aus den wehrfähigen Bürgern vom 17. bis zum 46. Lebensjahr zusammengestellt.

Da jeder Soldat seine Ausrüstung selbst bezahlen musste, bestand der Großteil des Heeres aus mehr oder weniger gut bewaffneten Fußsoldaten, während nur reiche Männer sich ein Pferd leisten und als Reiter (Ritter) kämpfen konnten.

Da es schwierig war, ein zunehmend größer werdendes Reich angemessen zu verteidigen, bekam bald die Gewinnung von **Bundesgenossen** *(socii)* ein immer stärkeres Gewicht. Als *socius populi Romani* verpflichtete man sich zur militärischen Unterstützung Roms und zur Duldung römischer Kolonisten, hatte dafür aber auch Anspruch auf Hilfe durch die Römer – sowohl im Krieg als auch im Frieden. Das Verhältnis zwischen Rom und seinen Bundesgenossen ähnelte sehr dem Verhältnis zwischen einem **Patron** *(patronus)* und seinen **Klienten** *(clientes),* bei dem ein angesehener, oft begüterter Mann, die Dienste ärmerer Leute oder seiner freigelassenen Sklaven in Anspruch nahm und sie dafür mit seinem Geld und seinem Einfluss unterstützte.

Durch eine **Heeresreform** ermöglichte es **C. Marius** (105 v. Chr.), dass auch die durch die soziale Krise immer zahlreicher gewordenen besitzlosen Bürger *(proletarii)* Soldat werden konnten: Sie erhielten Sold, ihre Ausrüstung wurde vom Staat bezahlt und nach Ablauf ihrer Dienstzeit wurden sie als Veteranen mit einem Stück Land beschenkt. Nach und nach bekamen auch Bewohner der Provinzen und andere Nicht-Römer die Möglichkeit, im römischen Heer zu dienen, das somit zunehmend zu einem **Söldnerheer** wurde.

Das Recht, ein Heer zu kommandieren, hatten nur die Beamten, die mit einem **imperium** (Oberbefehl) ausgestattet waren, d. h. die Prätoren oder Proprätoren und die Konsuln oder Prokonsuln. Der Senat entsandte aus seinem Stand **Legaten** *(legati),* die zum Stab des Feldherrn gehörten und vor allem juristische Befugnisse hatten. Die größte Einheit der römischen Armee war die **Legion** *(legio),* zu der ca. 4 500 bis 6 000 Soldaten gehörten. Bestand das Gesamtheer eines Feldherrn aus mehreren Legionen, nahmen die Legaten oft die Funktion von Legionskommandanten wahr. Jede Legion besaß als Offiziere sechs **Militärtribunen** *(tribuni militum),* die dem Ritterstand angehörten, sowie **Präfekten** *(praefecti),* die ebenfalls Ritter waren und Sondereinheiten, z. B. die Reiterei, kommandierten. Die Hundertschaften *(centuriae)* einer Legion wurden von **Zenturionen** *(centuriones)* befehligt; zwei Zenturien bildeten einen Manipel *(manipulus),* drei Manipel eine Kohorte *(cohors).*

Der Kern des römischen Heeres waren die **Fußtruppen** *(peditatus),* die sich in der Regel aus römischen Bürgern zusammensetzten. Die Sondereinheiten einer Legion, wie z. B. die **Reiterei** *(equitatus),* die Bogenschützen und Schleuderer, bestanden meist aus Nicht-Römern, die ihre besonderen Fähigkeiten in den Dienst der römischen Armee stellten. Des Weiteren begleiteten gewöhnlich auch **Priester** das Heer, die den Beistand der Götter erflehten, vor der Erstürmung einer Stadt die dort wohnenden Götter aufforderten, die Stadt zu verlassen *(evocatio)* und das Heer nach geschlagener Schlacht rituell vom Unsegen des Krieges reinigten. Gab es im Heer keine Priester, übernahm der Feldherr als Beamter diese Aufgaben.

Jede Legion besaß verschiedene **Feldzeichen** *(signa)*, die v. a. taktischen Zwecken dienten, indem sie die Orientierung der Soldaten im Feld ermöglichten. Das oberste Feldzeichen der Legion war der **Legionsadler** *(aquila)*, der auf keinen Fall verloren gehen durfte.

Pro Tag legte eine Legion durchschnittlich 25 km zurück. Alles, was der Soldat benötigte (Waffen, Proviant, Werkzeug usw.), trug er bei sich. Das größere Gepäck *(impedimenta)*, wie z. B. die Zelte und bestimmte Kriegsmaschinen, wurde auf Wagen und Lasttieren im Tross transportiert.

Die **Bewaffnung** der Legionäre war auf den Nahkampf ausgerichtet. Sie bestand aus einem kurzen, zweischneidigen Schwert *(gladius)*, einem Wurfspeer *(pilum)*, dessen Spitze aus weichem Metall sich beim Auftreffen verbog, sodass der Speer nicht zurückgeworfen werden konnte, dem hölzernen, mit Leder überzogenen Schild *(scutum)*, einem Leder- oder Kettenpanzer *(lorica)* und dem Helm *(galea)*.

Als Gründe für die besondere Schlagkraft der römischen Legionen muss man neben der harten Ausbildung und der strengen Disziplin im Heer sowie neben den profunden Kenntnissen in der Kriegslehre bei den Kommandeuren auch die vielfache Nutzung verheerender **Kriegsmaschinen** nennen, mit denen der Gegner bereits aus großer Distanz beschossen werden konnte. Auch für die Eroberung feindlicher Siedlungen kannten die Römer spezielle Apparate und Bauwerke, die es ihnen möglich machten, jede auch noch so stark befestigte Stadt einzunehmen. Die besonders großen Kriegsmaschinen, wie verschiedene Katapulte und Rammböcke, wurden nicht transportiert, sondern – unter der Leitung von im Tross mitreisenden Handwerkern – jeweils vor Ort neu hergestellt.

Während des Marsches durch unsicheres Gebiet wurde am Ende des Tages stets ein **Marschlager** *(castra)* errichtet. Für die Überwinterung oder die dauerhafte Stationierung an einer Stelle bauten die Soldaten feste Steinlager mit wirksamen Abwehranlagen. Sehr oft siedelten sich im Laufe der Zeit Händler und Handwerker, die mit den Soldaten Geschäfte machten, außerhalb des Lagers an, sodass viele Römerlager die Keimzellen für die Entstehung von Städten wurden.

Augustus ersetzte das Söldnerheer durch ein stehendes Heer, das auf den Kaiser selbst vereidigt wurde. Die Legionen standen nun zumeist an den Grenzen des Reiches; in der Mitte des 1. Jahrhunderts n. Chr. betrug ihre Zahl 25.
Im Kampf zur See erlangten die Römer nie die Perfektion, die ihre Landkämpfe auszeichnete. Der Großteil der römischen **Kriegsflotte** bestand aus Truppentransportern *(naves longae)* und Lastschiffen *(naves onerariae)*, mit denen man die Soldaten an die jeweiligen Kriegsschauplätze bringen konnte. Die Truppentransporter waren schlank und schnittig gebaut. Nach der Anzahl der Ruderreihen auf jeder Seite unterschied man Triéren *(triremis* oder *trieris)* und Pentéren *(quinqueremis* oder *penteris)*. Mittschiffs befand sich ein Mast mit einem Quersegel. Das Deck lag nur etwa 2 m über dem Wasserspiegel, sodass ein Einsatz nur bei ruhiger See in Frage kam. Die Truppentransporter hatten weder Lade- noch Schlaf- oder Aufenthaltsräume, weshalb sie auf begleitende Lastschiffe und für die Nacht auf einen Hafen angewiesen waren.

9.2 Der Triumphzug

Einem siegreichen Feldherrn und seinem Heer konnte der Senat unter bestimmten Voraussetzungen den Einzug in Rom gestatten, der bewaffneten Truppen sonst untersagt war. Zu den Voraussetzungen gehörte es, dass der Sieg in einem als gerecht betrachteten Krieg *(bellum iustum)* errungen worden war, dass mindestens 5 000 Feinde dabei umgekommen waren und dass die siegreichen Truppen ihren Feldherrn noch auf dem Schlachtfeld zum „Imperator" ausgerufen hatten *(acclamatio)*. War der Triumphzug bewilligt, so zogen der Triumphator und seine Soldaten zusammen mit den Senatoren und Beamten unter den Jubelrufen der Menge die Heilige Straße *(via sacra)* entlang zum Tempel des Jupiter auf dem Kapitolshügel, wo Imperator und Heer in einer feierlichen Opferzeremonie rituell gereinigt wurden.

10 Die römische Religion

Die ursprüngliche römische Religion hat mit der christlichen kaum Gemeinsamkeiten. Im Gegensatz zu den Christen kannte der „heidnische" Römer nicht nur einen, sondern viele Götter **(Polytheísmus)**, die er sich zumeist in Menschengestalt und mit menschlichen Charaktereigenschaften versehen vorstellte. Des Weiteren gab es kein abgeschlossenes theologisches System, keine heilige Schrift und keinen Religionsstifter. Auch die Übersetzung des lateinischen *religio* mit „Religion" ist wegen unserer damit einhergehenden

Assoziationen nicht sehr glücklich; man sollte sich unter *religio* besser so etwas wie „kultische Verehrung“ vorstellen, die nach uraltem, immer gleichem Ritus ablief. Viele Philologen glauben, dass das Wort *religio* von *re-legere* (erneut lesen) abgeleitet wurde, weil beim Götterkult die stets gleiche, peinlich genaue Einhaltung aller entsprechenden Vorschriften und Kultformeln unerlässlich war, wollte man das Wohlwollen der Götter *(pax deorum)* nicht verlieren.

Für den Römer hatte sein Verhältnis zu den Göttern die Form eines Rechtsverhältnisses mit der Formel *Do, ut des* („Ich gebe, damit du gibst.“): Als Gegenleistung für die entgegengebrachte Verehrung *(pietas)* erwarb sich der Mensch den Schutz der Gottheit und somit persönliches Wohlergehen *(salus)*. Ein wesentlicher Unterschied im Verhältnis zwischen Gott und Mensch einerseits und Patron und Klient (vgl. S. 126) andererseits kann also nicht gefunden werden.

Als **Leiter der kultischen Handlungen** fungierte für die Familie der Hausherr *(pater familias)*. Für den Staat nahmen diese Aufgabe die Beamten *(magistratus)* wahr. Die eigentlichen Priester *(sacerdotes)* kümmerten sich v. a. um die ständige Verehrung der Gottheit, übernahmen die Opferzeremonien bei besonderen Anlässen und sorgten für die Tradition des Kultes.

Der **Oberpriester** *(pontifex maximus)* wurde von der Volksversammlung gewählt. Er ernannte die Einzelpriester der verschiedenen Gottheiten und den Opferkönig *(rex sacrorum)*, der die sakralen Aufgaben des einstigen Königs wahrnahm, sowie die sechs Vestalinnen *(Vestales virgines)*. Diese stellten die einzige weibliche Priesterschaft Roms dar; sie pflegten das ewige Feuer im Tempel der Vesta und mussten ein für ihre dreißigjährige Dienstzeit geltendes Keuschheitsgelübde ablegen. Die Vestalinnen genossen bei den Bürgern äußerst hohes Ansehen. Neben dem Oberpriester nahmen besonders die Priester des Jupiter, der Juno und der Minerva auch auf die Politik Einfluss, da sie in religiösen Fragen als Berater der Behörden fungierten.

Um den Willen der Götter zu erkennen, bediente man sich der **Auguren**, welche die Zeichen des Himmels (Blitz, Donner, Vogelflug usw.) interpretierten, der **Harúspices**, welche aus den Eingeweiden von Tieren das Schicksal vorhersagten, sowie des Priesterkollegiums *quindecemviri sacris faciundis*, dessen Mitglieder u. a. die geheimnisvollen **Sibyllinischen Bücher** verwahrten, die man in Krisenzeiten befragte und auf deren Geheiß besondere Opfer und Sühnemaßnahmen, die Einführung einer neuen Gottheit oder sogar Menschenopfer stattfanden.

Lernten die Römer in ihrem Kontakt mit anderen Völkern fremde Gottheiten kennen, versuchten sie zumeist, diese mit ähnlichen Göttern ihres eigenen

Pantheons in Beziehung zu setzen **(interpretatio Romana)**. So sagt z. B. Caesar, die Gallier würden Merkur, Apollo, Mars, Jupiter und Minerva verehren. Viele fremde Gottheiten, die nicht mit bereits bekannten gleichgesetzt werden konnten, wurden von den Römern dennoch auch übernommen, und man errichtete auch diesen eigene Tempel, z. B. der ägyptischen Isis oder dem persischen Mithras. Die **Christen** dagegen wurden v. a. wegen der völligen Andersartigkeit ihrer Religion zumeist als Bedrohung empfunden und bekämpft. Viele von ihnen fanden z. B. bei Tierhetzen in den Amphitheatern den Tod. Erst durch das Toleranzedikt des Kaisers Konstantin im Jahre 313 nahmen die Christenverfolgungen ein Ende. Das Edikt *Cunctos populos,* das der Kaiser Theodosius I. im Jahre 380 erließ, erhob den katholischen christlichen Glauben schließlich zur Staatsreligion im Reich.

latein. Name	griech. Name	Herrschaftsbereich	Attribute
	Die drei obersten Götter („Kapitolinische Trias")		
Iuppiter, Iovis (Optimus Maximus)	Zeus	oberster Gott (Göttervater), Gott des Himmels	Blitz, Adler, (Eichen-) Krone, Bart, Zepter
Iuno, Iunonis	Hera	Gattin des Zeus, Schutzgöttin der Frauen und der Ehe	Zepter, Diadem, Pfau, Kuh
Minerva, ae	Athene	Göttin der Weisheit, der Künste und des Krieges, Schutzgöttin der Handwerker	Helm, Rundschild, Brustpanzer mit Medusenhaupt, Speer, Eule
	Weitere wichtige Götter		
Aesculapius, i	Asklepios	Gott der Ärzte und der Medizin, Sohn Apollos	Äskulapstab (Stab mit einer Schlange)
Amor, Amoris	Eros	Liebesgott, Sohn der Venus	Pfeil, Bogen, Köcher, meist kindlich
Apollo, Apollinis	Apollon	Gott der Künste und der Weissagung, Herr der Musen	Pfeil, Bogen, Lorbeerkranz, Saiteninstrument
Bacchus, i	Diónysos/ Bakchos	Gott des Weins und der Ekstase	Wein, Efeu, Trinkgefäß, Panther, Satyrn
Ceres, Cereris	Gaia/ Deméter	Göttin der Erde und des Ackerbaus	steigt oft aus Erdspalten, Kornähren

Diana, ae	Ártemis	Göttin der Jagd	Pfeil, Bogen, Hirsch, Hund
Faunus, i	Pan	Gott der Hirten und Herden	Bocksbeine, spitze Ohren, Hörner, Panflöte (Syrinx)
Luna, ae	Seléne	Mondgöttin	Wagen mit zwei Pferden, Mondsichel
Mars, Martis	Ares	Gott des Krieges, Vater von Romulus und Remus	Rüstung und Schwert
Mercurius, i	Hermes	Gott des Handels und der Diebe, Götterbote	Flügelhut und Flügelschuhe, Merkurstab, Geldbeutel
Neptunus, i	Poseidon	Gott des Meeres, Bruder Jupiters	Dreizack, Fische, Krone, Bart
Pluto, Plutonis	Hades	Gott der Unterwelt und des Totenreichs, Bruder Jupiters	Granatapfel, Krone, Bart, ernste Züge
Sol, Solis	Hélios	Sonnengott	Wagen mit vier Pferden, blond, Strahlenkranz
Venus, Véneris	Aphrodíte	Göttin der Liebe und Schönheit, Mutter des Aenéas, Stammmutter der *gens Iulia*	Spiegel, Salbgefäß, Blumen, Taubenpaar, in einer Muschel
Vesta, ae	Hestia	Göttin des Herdfeuers	–
Victoria, ae	Nike	Göttin des Sieges	Flügel, Siegeskranz, Palmwedel, Posaune
Vulcanus, i	Hephaistos	Gott des Feuers und der Schmiede	Hammer, Zange, Schmiedefeuer

11 Die Stellung der Sklaven

Wie in den anderen antiken Kulturen, so herrschte auch in Rom die Ansicht, dass es rechtmäßig sei, bestimmte Menschen als Sklaven zu halten. Diese hatten gegenüber einem freien Bürger keinerlei Rechte. Ihr Herr, als dessen Eigentum sie galten, besaß über sie die absolute Verfügungsgewalt, konnte sie bestrafen, verkaufen und sogar straffrei töten *(potestas vitae necisque)*.

In der Frühzeit der **Republik** konnte man z. B. zum Sklaven werden, wenn man seine Schulden nicht bezahlen konnte und sich zu ihrer Tilgung selbst verkaufen musste **(Schuldknechtschaft)**. Nach dem Verbot der Schuldknechtschaft durch die *lex Papiria* (326 v. Chr.) wurde der Bedarf an Sklaven v. a. durch **Kriegsgefangene** von den immer zahlreicher werdenden Kriegsschauplätzen gedeckt. Auch Seeräuber brachten ihre menschliche Beute auf die Sklavenmärkte. Die Anzahl der Sklaven in den Bergwerken, auf den Großgütern, in den Handwerksbetrieben und den Haushalten stieg sprunghaft an. Im 1. Jahrhundert v. Chr. beruhte fast die gesamte Produktion auf Sklavenarbeit – man schätzt, dass damals etwa die Hälfte der Bewohner Roms Sklaven waren.

Ein besonders unglückliches Schicksal hatten die Sklavinnen, die an Bordelle verkauft wurden, und die Sklaven, die man in die Gladiatorenschulen schickte, um sie nach ihrer Ausbildung dort in den Amphitheatern gegeneinander kämpfen zu lassen. Im Jahre 73 v. Chr. kam es zu einem von dem thrakischen Sklaven **Spártacus** angeführten Ausbruch von etwa 70 Gladiatoren aus der Gladiatorenschule von Capua. Auch viele Sklaven der umliegenden Güter flohen und schlossen sich den Aufständischen an. Auf ihrem Marsch durch Italien schlugen Spartacus' Truppen zwei römische Heere und zogen immer weitere Sklaven an, bis sie im Winter 73/72 v. Chr. bereits 70 000 Mann zählten. Es wurde ihnen jedoch zum Verhängnis, dass sie sich nicht auf einen gemeinsamen Fluchtweg aus Italien einigen konnten und sich deshalb in zwei Gruppen teilten: Eine der Gruppen wollte unter ihrem Anführer Krixos versuchen, die Alpen zu überqueren und wurde von den Römern vernichtet; die andere Gruppe unter Spartacus versuchte, Italien im Süden über das Meer zu verlassen. Nach einigen kleineren Siegen der Spartacus-Truppen gelang es einem großen römischen Heer unter dem Kommando von M. Licinius Crassus, die Aufständischen in die Enge zu treiben und zu schlagen. Als abschreckendes Beispiel ließ Crassus die etwa 6 000 Überlebenden der Schlacht entlang der Via Appia von Rom nach Capua **ans Kreuz schlagen**. Ungefähr 5 000 der Sklaven, denen die Flucht aus der Schlacht geglückt war, flohen nach Norden, wo sie dem aus Spanien zurückkehrenden Cn. Pompeius Magnus in die Hände fielen.

Mit dem Anbruch der **Kaiserzeit** unter Augustus änderten sich auch die Verhältnisse der Sklaverei grundlegend. Die Friedenspolitik des Kaisers führte dazu, dass kaum noch neue Kriegsgefangene geliefert werden konnten. Die Folge davon war, dass die Sklavenpreise in ungeahnte Höhen stiegen. Die Rentabilität der Sklavenarbeit konnte fortan nur gewährleistet werden, indem man die Sklaven zu Spezialisten ausbildete, die hochwertige Leistungen erbringen

konnten. Sklavenfreundliche Gesetze (z. B. das Verbot der Tötung durch den Herrn, das Verbot des Verkaufs in Bordelle und Gladiatorenschulen, das Verbot schwerer Misshandlung) verbesserten die Stellung der Sklaven im Laufe der Zeit immer mehr. Die im Rom der Kaiserzeit immer beliebter werdenden Ansichten der stoischen Philosophenschule und natürlich das erstarkende Christentum trugen entscheidend dazu bei, der Sklaverei die Grundlagen zu entziehen.
Ein Sklave, der nicht straffällig geworden, mindestens 30 Jahre alt und ordnungsgemäß freigelassen worden war, wurde als **Freigelassener** *(libertus)* römischer Bürger, wobei er dem Stand der Freigelassenen *(libertini)* angehörte. Meist waren bereits seine Kinder, spätestens aber seine Enkel, als Freigeborene *(ingenui)* den übrigen römischen Bürgern gleichgestellt.

12 Die Römer und ihre Nachbarn

12.1 Römer und Germanen

Den ersten Kontakt mit Germanen hatten die Römer im Jahre 113 v. Chr., als die beiden germanischen Stämme der **Kimbern und Teutonen** auf der Suche nach fruchtbarem Land nach Süden zogen und in Italien eindrangen. Sie vernichteten ein römisches Heer bei Noreia im heutigen Kärnten und besiegten in den folgenden Jahren alle Armeen, die Rom ihnen entgegenschickte. Nachdem 105 v. Chr. auch das letzte römische Aufgebot in der Schlacht bei Arausio in der heutigen Provence geschlagen war, gaben die Bewohner Roms ihre Stadt verloren: Die Gerüchte von der unaufhaltsamen „teutonischen Raserei" *(furor Teutonicus)*, welche die blauäugigen, großgewachsenen Wilden aus dem Norden an den Tag legten, ließen Rom in Agonie verfallen und brannten sich tief ins historische Gedächtnis seiner Bewohner. Da die Germanen zunächst jedoch nicht auf Rom losmarschierten, sondern sich sogar trennten und auf verschiedenen Wegen Gallien und Spanien durchstreiften, konnte Rom sich noch einmal retten. Als die beiden Stämme nämlich im Jahre 103 v. Chr. dann doch noch den Vorstoß nach Italien wagten, hatte **C. Marius** das römische Heerwesen grundlegend reformiert. Es gelang ihm, 102 v. Chr. bei Aquae Sextiae in der heutigen Provence die Teutonen und 101 v. Chr. bei Vercellae in Oberitalien die Kimbern zu vernichten.
Zu erneuten Auseinandersetzungen mit Germanen kam es, als C. Iulius **Caesar** bei der Eroberung Galliens 58 v. Chr. auf die germanischen **Sueben** unter ihrem Heerkönig **Ariovíst** stieß, die ebenfalls in Gallien Krieg führten. Nachdem Caesars Soldaten davon hörten, dass es sich bei den Sueben um Ver-

wandte der Kimbern handelte, brach im römischen Heer eine Panik aus, die der Feldherr nur mit Mühe bändigen konnte. Es gelang ihm letztlich jedoch sogar, das Heer Ariovists in einer blutigen Schlacht zu schlagen und über den Rhein zurückzutreiben. Dieser Fluss galt von da an als Grenze zwischen dem römischen und dem germanischen Einflussbereich.
Kaiser Augustus versuchte, das Römische Reich auch über den Rhein hinaus auszudehnen, was anfangs tatsächlich möglich schien: Den Römern gelang es, im Norden bis zur Elbe vorzudringen. Der Oberbefehlshaber der römischen Truppen in Germanien, P. Quinctilius **Varus**, scheiterte jedoch bei dem Versuch, die rechtsrheinischen Gebiete zu römischen Provinzen zu machen. Sein aus drei Legionen bestehendes Heer fiel im Jahre **9 n. Chr. im Teutoburger Wald** einem germanischen Befreiungsschlag unter Führung des Cheruskerfürsten **Arminius** zum Opfer. Nach dieser Niederlage wurde die Romanisierung Innergermaniens aufgegeben. Stattdessen befestigten die Römer nun ihre Grenze, die sich an Rhein und Donau entlang erstreckte, und schützten die Strecke dort, wo keiner der beiden Flüsse fließt, durch eine Wehranlage **(limes)**. Viele der römischen Militärlager entlang der Grenze entwickelten sich im Laufe der Zeit zu blühenden Städten, so z. B. das heutige Xanten, Köln, Koblenz und Regensburg.

12.2 Römer und Gallier

Mit den Galliern, den keltischen Bewohnern der Gebiete des heutigen Frankreichs, Belgiens, der Schweiz und Oberitaliens, kamen die Römer schon früh in Kontakt, als ein gallisches Heer unter seinem Führer **Brennus** nach Überquerung der Alpen in Italien eindrang und nach einigen siegreichen Schlachten 387 v. Chr. die Stadt Rom (mit Ausnahme der stark befestigten Burg auf dem Kapitol) einnahm und brandschatzte. Nach Zahlung eines hohen Betrages verließ Brennus mit seinen Leuten Rom wieder.
Bis zum 2. Punischen Krieg unterwarfen die Römer die oberitalienischen Galliergebiete und richteten hier die **Provinz** *Gallia cisalpina* ein. Um 120 v. Chr. wurden auch Gebiete nördlich und westlich der Alpen als Provinz *Gallia Narbonensis (Gallia transalpina)* römisch.
Als C. Iulius **Caesar** Prokonsul dieser Provinzen war (58–50 v. Chr.), drang er unter dem Vorwand der Abwehr gallischer Provokationen in das noch unbesetzte Gallien ein und unterwarf es bis 51 v. Chr. völlig, wobei die Schlacht von Alesia (52 v. Chr.), in der er die unter dem Arvernerfürsten **Vercingetorix** kämpfenden gesamtgallischen Truppen besiegte, den Untergang des freien Galliens besiegelte.

12.3 Römer und Karthager

Das von den Phöniziern im 9. Jahrhundert v. Chr. an der nordafrikanischen Küste gegründete Karthago (phönizisch: Kart Ḫadašt – „neue Stadt") entwickelte sich im 6. Jahrhundert v. Chr. zur bedeutendsten **Handels- und Seestadt** im westlichen Mittelmeer. Es dehnte seine Herrschaft rasch über die nordafrikanische und spanische Küste und über Sizilien und Sardinien aus (vgl. die Karte S. 101). Als Feinde betrachteten die Karthager v. a. die Griechen, die ebenfalls im Mittelmeer Schifffahrt betrieben und entlang der unteritalienischen und gallischen Küste sowie auf Sizilien Kolonien besaßen.
Besonders auf Sizilien standen die karthagischen und die griechischen Städte in ständigem Kampf miteinander, bis durch das Eingreifen der Römer 264 v. Chr. die Punier – wie man die Karthager in Rom nannte – von der Insel vertrieben wurden **(1. Punischer Krieg, 264–241)**. Im Ergebnis dieses Krieges gliederten die Römer das fruchtbare Sizilien als erste Provinz in ihr Reich ein.
Karthago begann nun verstärkt, seine Herrschaft in Spanien auszudehnen; der nordspanische Fluss Ebro wurde 226 v. Chr. in einem Vertrag mit Rom zur Grenze der jeweiligen Einflussgebiete erklärt.
Hannibal, der Oberbefehlshaber des karthagischen Heeres in Spanien, begann durch die Eroberung der mit den Römern verbündeten spanischen Stadt Sagunt (219 v. Chr.) und durch den Bruch des Ebro-Vertrages (218 v. Chr.) einen neuen Krieg mit den Römern **(2. Punischer Krieg, 218–201)**. Er drang mit seinem Heer, zu dem auch Kampfelefanten gehörten, von Norden her über die Alpen in Italien ein, wo er mehrere römische Heere vernichtend schlug. Die schlimmsten Niederlagen erlitten die Römer in den Schlachten am Trasimenischen See (217) und bei **Cannae** (216). Daraufhin zog Hannibals Heer plündernd durch Italien, ohne jedoch Rom selbst anzugreifen, wo zur damaligen Zeit schon der Gedanke an *Hannibal ad portas* (Hannibal an den Toren) Panik auslöste. Der römische Feldherr Q. Fabius **Maximus** verlegte sich darauf, mit seinem Heer Hannibal immer wieder zu provozieren und aus dem Hinterhalt anzugreifen, vermied es jedoch, ihm in einer offenen Schlacht entgegenzutreten. Diese Taktik brachte ihm den Beinamen *Cunctator* (Zögerer) ein und hat vermutlich Rom gerettet, da Hannibal sich auf diese Weise nirgends wirklich sicher fühlen konnte und ununterbrochen damit beschäftigt war, die Attacken des Maximus abzuwehren. In der Zwischenzeit hatte ein weiteres römisches Heer unter P. Cornelius **Scipio** nach Afrika übergesetzt und bedrohte Karthago, woraufhin der dortige Senat Hannibal zurückbeorderte. In der Schlacht bei **Zama** (202 v. Chr.) unterlag dessen Heer den

Truppen Scipios. Karthago verlor im Ergebnis dieses Krieges all seine Besitzungen außerhalb Afrikas sowie den Großteil seiner Flotte.
Obwohl es nach dem 2. Punischen Krieg seine politisch-militärische Bedeutung nahezu vollständig verloren hatte, fürchtete man in Rom doch die Möglichkeit eines Wiedererstarkens Karthagos. Besonders der als sittenstrenger Zensor berühmte Senator **Cato der Ältere** forderte mit größtem Nachdruck die völlige Vernichtung der Stadt: *Ceterum censeo Carthaginem esse delendam* („Im Übrigen bin ich der Meinung, dass Karthago zerstört werden muss"). Schließlich erhielt P. Cornelius **Scipio,** der Enkel des Siegers von Zama, den Auftrag, das Werk seines Großvaters zu vollenden und Karthago vollends zu vernichten **(3. Punischer Krieg, 149–146)**. Scipios Truppen setzen nach Afrika über, belagerten Karthago, nahmen es letztlich ein und führten dann den Senatsbeschluss aus: Die Stadt wurde vollständig niedergebrannt und bis auf die Grundmauern geschleift, alle überlebenden Karthager wurden in die Sklaverei verkauft, Karthagos afrikanische Besitzungen wurden zur römischen Provinz *Africa.*
Die beispiellose Kaltblütigkeit des rational schwer nachvollziehbaren Vorgehens gegen das nahezu wehrlose Karthago beschäftigte von da an die Historiker aller Zeiten. Der Dichter **Vergíl** bietet in seiner *Aenéis* eine Erklärung für den unversöhnlichen Hass beider Städte aufeinander: Nach seiner Schilderung war **Aenéas**, der Stammvater der Römer, auf seiner Flucht aus Troja zunächst an der afrikanischen Küste gestrandet, wo er sich in die phönizische Königin **Dido** verliebte, der er beim Aufbau ihrer Stadt Karthago half. Als er von Jupiter aufgefordert wurde, Afrika wieder zu verlassen, da es ihm bestimmt sei, in Latium zu herrschen, gehorchte er diesem Befehl. Die liebende Dido, die sich von Aeneas im Stich gelassen fühlte, gab sich aus Verzweiflung selbst den Tod, verfluchte jedoch vorher Aeneas und seine Nachkommen, mit denen sie und ihre Landsleute niemals wieder in Frieden leben könnten. – Dass die aus der Vernichtung ihrer größten Rivalin resultierenden Veränderungen letztlich der römischen Republik selbst den Untergang bescherten, analysierte bereits Sallúst in seiner *Coniuratio Catilinae* (vgl. S. 109 f.).

12.4 Römer und Griechen

Die Bewohner der griechischen Stadtstaaten hatten ab dem 8. Jahrhundert v. Chr. damit begonnen, v. a. an der sizilianischen, unteritalienischen und gallischen Mittelmeerküste **Kolonien** zu errichten; die älteste auf dem italienischen Festland war die Stadt Cumae (griechisch: Kyme) in Kampanien; weitere griechische Gründungen sind z. B. Syrakus auf Sizilien, Neapel in Kampanien und Marseille in Südfrankreich. Alle griechischen Siedlungsgebiete außerhalb Griechenlands fasst man unter dem Begriff „Großgriechenland" **(Magna Graecia)** zusammen.

Die ersten bedeutsamen Kontakte der Römer mit den Griechen kamen bei der Expansion des römischen Herrschaftsbereichs in Unteritalien zustande, wo die Römer zunächst den Karthagern in ihrem ständigen Kampf gegen die Griechen halfen, im 1. Punischen Krieg jedoch die griechischen Siedler auf **Sizilien** unterstützten und die Karthager von der Insel vertrieben, um diese 241 v. Chr. zur ersten römischen Provinz zu machen.

Die überlegene Reichhaltigkeit der griechischen Kultur lernten die Römer jedoch erst in vollem Umfang kennen, als sie nach dem Fall Karthagos im 2. Jahrhundert v. Chr. ins griechische Mutterland selbst eindrangen. Überwältigt von den Leistungen der Griechen besonders auf dem Gebiet der Künste und Wissenschaften reagierten die römischen Sieger zunächst barbarisch: Manche plünderten die Griechenstädte aus, um Rom und Italien mit den bewunderten Kunstgegenständen zu schmücken; andere sahen in der hochstehenden griechischen Kultur eine **Bedrohung der eigenen Zivilisation** und richteten deshalb in Griechenland große Verwüstungen und Zerstörungen an. Ihre Überlegenheit auf militärischem und politisch-administrativem Gebiet verschaffte den Römern jedoch eine gewisse Genugtuung und bestärkte sie in ihrer Ansicht, dass dies letztlich doch das Entscheidende sei, denn trotz all ihrer Kenntnisse und Fähigkeiten konnten es die Griechen nicht verhindern, dass ihr Land 146 v. Chr. als **Provinz** dem Römischen Reich angegliedert wurde.

Der besonders in Griechenland betriebene Steuerwucher und die Plünderungen führten dort zum Zusammenbruch des einstigen Wohlstands und schürten bei den Provinzialen den Hass auf die römischen Besatzer, der sich in mehreren Aufständen entlud, die jedoch stets blutig niedergeschlagen wurden. Als der pontische König **Mithridates** VI. Eupator im Jahre 88 v. Chr. in den Osten des Reiches eingedrungen war, in der Stadt Éphesus die Freiheit aller Griechen verkündet und sie aufgefordert hatte, die verhassten Römer zu töten, fielen diesem Aufruf in einer Nacht 80 000 Römer und Italiker zum Opfer („Blutvesper von Ephesus"). Die Römer reagierten prompt: Feldherren wie Sulla, Pompeius und letztlich Octavián „befriedeten" den Osten und ordneten seine Verwaltung neu.

Es ist erstaunlich, dass trotz dieser schweren Belastungen ein **kultureller Austausch** zwischen Römern und Griechen möglich war, in dem die militärisch Unterlegenen die Lehrmeister ihrer politischen Herren waren. Trotz des heftigen Widerstands konservativer Römer, wie z. B. des Zensors M. Porcius

Cato, die um den Erhalt römischer Werte fürchteten („Wenn uns dieses Volk seine Literatur gibt, wird es alles ruinieren."), fanden viele – zunächst als „Griechenfreundchen" *(graeculi)* verächtlich gemachte – Römer großes Interesse an griechischer Wissenschaft, Literatur, Kunst, Philosophie und nicht zuletzt an der griechischen Sprache, die zur Bildungssprache wurde: Wer etwas auf sich hielt, besuchte die Literaturschule, um sie zu erlernen.
M. Tullius **Cicero**, machte in seinen Reden und Schriften keinen Hehl mehr daraus, dass er eine griechisch geprägte Bildung besaß. Durch seinen – nach römischem Verständnis – „gesunden Blick" dafür, welche Aspekte des griechischen Geistesschaffens auch den eher praktisch denkenden Römern nützlich sein können, und durch seine herausragenden sprachschöpferischen Fähigkeiten gelang es ihm, die Beschäftigung mit der griechischen Kultur „salonfähig" zu machen. Nach dem Enzyklopädisten Plinius dem Älteren soll C. Iulius Caesar unter Bezug auf seine eigenen Leistungen zu Cicero gesagt haben: „Du hast den schönsten Ruhm und einen Triumph erlangt, der höher steht als der Triumph der größten Feldherrn; denn es ist etwas Höheres, die Schranken des Geistes zu erweitern, als die Grenzen des Reiches weiter hinauszurücken."
Gegen Ende des 1. Jahrhunderts v. Chr. hatten sich die römisch-griechischen Beziehungen weitgehend normalisiert: Die Römer erkannten die Überlegenheit der Griechen auf vielen Gebieten an, waren aber zugleich auch auf ihre eigenen Fähigkeiten stolz. In seiner *Aenéis* fasst der Dichter **Vergíl** das Selbstverständnis der Römer mit folgenden Worten zusammen (Vergil, Aen. VI, 847–853):

> Andre mögen Gebilde aus Erz wohl weicher gestalten,
> Dünkt mich, und lebensvoller dem Marmor die Züge entringen,
> Besser das Recht verfechten und mit dem Zirkel des Himmels
> Bahnen berechnen und richtig den Aufgang der Sterne verkünden:
> Du aber, Römer, gedenke die Völker der Welt zu beherrschen
> (Darin liegt deine Kunst) und schaffe Gesittung und Frieden,
> Schone die Unterworfnen und ringe die Trotzigen nieder.

(In: Vergil: Aeneïs. Verdeutscht von Thassilo von Scheffer. Leipzig: Dieterich'sche Verlagsbuchhandlung 1943, S. 186 f.)

13 Philosophie

13.1 Die Vorsokratiker

Die sog. Naturphilosophen des 6. Jahrhunderts v. Chr., wie z. B. Thales von Milét, Pythágoras, Empédokles und Demokrít, stellten sich die Frage nach dem Ursprung der Welt und aller Dinge und danach, ob es einen Urstoff gebe, aus dem alle Dinge bestünden.

Berühmt wurde v. a. die Antwort des **Empedokles**, der annahm, dass es vier Grundstoffe **(Elemente)** gebe – Erde, Wasser, Feuer und Luft – sowie zwei Grundkräfte – Liebe und Hass – und dass alle Dinge durch die von den Kräften verursachte Vermischung der Elemente entstünden und sich letztlich nur deshalb voneinander unterschieden, weil die Elemente bei jedem Ding in unterschiedlichen Verhältnissen vorhanden seien. **Demokrit** dagegen nahm an, dass alle Dinge aus winzigen, unteilbaren Bausteinen, den **Atomen**, bestünden, die sich ganz von selbst – also ohne das Einwirken irgendwelcher Kräfte – zu Gebilden zusammenschlössen und auch wieder trennten, wodurch die Dinge entstünden und wieder vergingen. Diese Auffassung machte ihn zum Begründer des **Materialismus**.

13.2 Die Sophistik und Sokrates

Seit dem 5. Jahrhundert v. Chr. fanden in Griechenland die sog. **Sophisten** immer größeren Zulauf. Diese leiteten aus der Beobachtung, dass die Menschen z. B. vor Gericht sehr verschiedene Ansichten darüber haben, was Recht und was Unrecht sei, die Ansicht ab, dass es in dieser Frage überhaupt keine objektiven Maßstäbe gebe und dass somit das, was der überlegene Mensch als richtig bezeichne, auch richtig sei – also komme es darauf an, zu den überlegenen Menschen zu gehören. Die Sophisten erhoben so den Menschen zum Maßstab aller Dinge **(„Homo-mensura-Satz“)** und lehrten, dass es ihm v. a. durch die richtige Anwendung der Sprache (Rhetorik) möglich sei, sich im Leben zu behaupten.

Ganz im Gegensatz dazu vertrat **Sokrates** (469–399 v. Chr.) die Ansicht, dass es sehr wohl allgemein gültige Wahrheiten gebe, die das Leben des Menschen bestimmten. So könne man sich zwar im Einzelfall darüber streiten, was richtig und was falsch sei, die Begriffe von „Recht“ und „Unrecht“ seien aber allgemein anerkannt. Ziel des Philosophierens müsse es deshalb sein, diese Wahrheiten zu erkennen, um das Leben der Menschen daran ausrichten zu können, denn wenn es ein „Gutes“ und ein „Schlechtes“ gibt, dann muss man sich natürlich nach dem einen richten und das andere vermeiden.

Damit gab Sokrates der Philosophie eine völlig neue Bedeutung: Er machte sie von einem abstrakten Denkgebäude gebildeter Männer zur Lenkerin des Verhaltens aller Menschen und wurde somit zum Begründer der **Ethik** (Sittenlehre).
Sokrates' philosophische Methode basierte auf dem **Dialog** zwischen ihm und einem anderen Menschen, den er durch gezieltes Fragen zu der Erkenntnis zu bringen versuchte, dass seine vermeintlichen Kenntnisse letztlich doch nur auf sehr wackeligen Fundamenten standen („Ich weiß, dass ich nichts weiß"). Eine wahre Erkenntnis der Dinge dürfe sich aber nicht auf Scheinwissen gründen, sondern könne erst dann beginnen, wenn man den Dingen ganz unvoreingenommen auf den Grund gehe.
Sokrates' Lehren erregten bei vielen seiner Mitbürger Verwirrung; manche betrachteten sie sogar als so gefährlich, dass sie den Philosophen wegen Aufhetzung der Jugend und Gottlosigkeit anklagten und zum Tode verurteilten.

13.3 Die Akademie

Sokrates' bedeutendster Schüler war **Platon** (427–347 v. Chr.), durch dessen zahlreiche Dialoge wir das meiste über die Lehren seines Meisters wissen – Sokrates selber hat nichts Schriftliches hinterlassen. Platon entwickelte jedoch durchaus auch eine eigene Lehre, die er in seiner Philosophenschule im Hain des Halbgottes Akademos lehrte – aus diesem Grund nannte man Platon und seine Schüler Akademiker.
Platons **Ideenlehre** zufolge ist die irdische Welt ein Abbild einer idealen Welt der Ideen, und jedes irdische Ding ist nur ein mehr oder weniger unvollkommenes, vergängliches Erscheinungsbild seines perfekten, ewigen Urbilds (seiner „Idee") in der idealen Welt. Indem man die verschiedenen Erscheinungsformen eines Dinges in der irdischen Welt untersuche und vergleiche, könne man eine Ahnung von seiner vollkommenen Idee bekommen. Die größte aller Ideen sei aber die des „Guten und Schönen", zu der alle anderen Ideen in geordneter Beziehung stünden.
Unter den Schülern Platons gab es jedoch auch einige, welche die Ideenlehre ihres Meisters veränderten oder gar ablehnten. Unter Hinzuziehung der sokratischen Ansicht, dass Wissen oft nur Scheinwissen ist, entwickelten sie die Lehre des akademischen **Skeptizismus**, die im 2. Jahrhundert v. Chr. ihre größte Blüte erlebte. Die Vertreter dieser Lehre, v. a. **Karneádes**, vertraten die Ansicht, dass es den Menschen als Teilen der irdischen Welt nicht möglich sei, in irgendeinem Fall die Wahrheit (d. h. die zugrunde liegende Idee) tatsächlich

zu erkennen, und dass sich deshalb alle Erkenntnis auf die Feststellung des Wahrscheinlichsten beschränken müsse.

13.4 Der Peripatos

Der Philosoph **Aristoteles** (384–322 v. Chr.), ein Schüler Platons, beschäftigte sich v. a. mit der Naturwissenschaft und hinterließ ein gewaltiges Korpus an Schriften, denen besonders im Mittelalter größte Bedeutung beigemessen wurde. Für die römische Philosophie waren Aristoteles und seine Schüler, die Peripatetiker, weitaus weniger wichtig als andere Philosophenschulen. Ihre Ansichten zur **Ethik** fanden jedoch auch in Rom (vor allem in Ciceros Werk) größere Beachtung: Der Mensch könne nur glückselig leben, wenn er mit Hilfe seiner Vernunft das Gute erkenne und danach strebe. Dieses Gute im Sein und Tun der Menschen nennt Aristoteles die **Tugend** *(virtus,* griech. *areté).* Die äußeren Glücksgüter (Gesundheit, Ehre, Wohlstand) müssen in ausreichendem Maße zur Verfügung stehen, da sich sonst die Tugend nicht entfalten könne. Um zu erkennen, was das Tugendhafte sei, müsse man sich die beiden Extrema einer Sache vorstellen, die Tugend selber liege dann zwischen beiden in der Mitte **(virtus in medio)**: So bildet z. B die Freundlichkeit die Mitte zwischen Überheblichkeit und Speichelleckerei. Die höchste Tugend jedoch sei die Gerechtigkeit, da sie die Ausübung einer jeden Tugend gegenüber anderen Personen darstelle.

13.5 Die Stoa

Der Begründer der Philosophenschule der Stoa (benannt nach ihrem Athener Schulgebäude *stoá poikíle* = bunte Halle) war **Zenon** von Kition (333–260 v. Chr.). Das philosophische System der Stoa beruht auf der Ansicht, dass es eine einzige, alles bildende und durchdringende Macht gibt, eine als Feuer gedachte Gottheit, die alle Dinge nach ihrer Vorsehung ordnet und antreibt: diese Gottheit ist die **Vernunft** in ihrer reinsten Form *(logos).* Der Mensch, dessen Geist ein Teil („Funke") dieser Vernunft sei, solle danach streben, den Willen des Gottes zu erkennen, um sich dann aus freiem Willem dem göttlichen Plan zu fügen **(secundum naturam vivere)**, da er nur so **Glückseligkeit** *(vita beata)* erlangen könne. Diese bestehe im beglückenden Gefühl des Einklangs mit dem Weltenplan – eine Weltgeborgenheit, die durch nichts erschüttert werden könne **(„stoische Ruhe")**. Als Teil des Kosmos empfinde der Stoiker sich selbst als Weltenbürger (Kosmopoliten) und seine Mitgeschöpfe als seelenverwandte Wesen, was aktiven Einsatz für deren Wohlergehen, z. B. in der Politik, ehrenwert mache. Mit dem Tod erhebe sich die

Seele des Menschen in den feurigen Äther und vereine sich wieder mit dem Weltenfeuer, aus dem sie entstamme.

13.6 Der Epikureismus

Die Lehre des **Epikúr** von Samos (341–270 v. Chr.) bildet einen krassen Gegensatz zu den Ansichten der Stoa. Zwar ist auch bei Epikur das glückselige Leben das Ziel allen Philosophierens, jedoch kann man es seiner Ansicht nach nur erreichen, indem man sich von allen Unannehmlichkeiten, welche die Welt und das Leben bieten können, befreit. Epikurs Weltsicht orientiert sich an der Demokrits (vgl. S. 139), ist also streng **materialistisch**: Da der Mensch – wie alle anderen Dinge auch – nichts weiter sei als eine Ansammlung von Atomen, würde nach seinem Tode (d. h. nach dem Auseinanderdriften seiner Atome) auch nichts von ihm übrigbleiben. So etwas wie eine unsterbliche Seele gebe es nicht, weshalb die Glückseligkeit auch nicht in einer „Weltvernunft" oder im Leben nach dem Tode gefunden, sondern nur im irdischen Leben erfahren werden könne. Die Schlussfolgerung müsse also lauten: „Befreie dich von deinen Ängsten, meide Unannehmlichkeiten und gestalte dein Leben so angenehm wie möglich!" („Lust-Prinzip", **Lust** – *voluptas*, griech. *hedoné*). Besonders geeignet sei dazu ein von der Öffentlichkeit zurückgezogenes Leben **(„Lebe im Verborgenen")** im Kreise weniger, guter Freunde. Die Existenz von Göttern wird von den Epikureern zwar nicht geleugnet; diese seien aber ebenfalls nur Atomgebilde, wenn ihre Existenz auch „göttlich" sei. Ihre „Göttlichkeit" bedeute aber nichts anderes, als dass sie bereits den Zustand höchster Glückseligkeit besäßen – ganz sicher würden sie sich in diesem nicht stören lassen, um sich um die Welt oder die Menschen zu kümmern.

13.7 Die Philosophie in Rom

Wie in fast allen geistigen Disziplinen so waren die Römer auch in der Philosophie die Schüler der Griechen; eigene Beiträge haben sie fast nicht erbracht. Einer der wichtigsten Gründe dafür liegt sicher in dem verschiedenen Verständnis des Griechen und des Römers von der **Rolle des einzelnen Menschen:**

Griechenland bestand aus einzelnen, konkurrierenden Stadtstaaten, die jeweils nach eigenen Grundsätzen regiert wurden und in denen aufgrund des z. T. stark ausgeprägten Demokratiegedankens das Individuum aktiv an der Gestaltung der Politik teilnehmen konnte – kurz: Die Bedeutung der Individualität in allen Dingen kann in Griechenland nicht überschätzt werden. **Rom** dagegen war ein nicht aus Einzelstädten, sondern aus Territorien bestehendes

Reich, das nach einheitlichen Maßstäben vom einen Machtzentrum aus regiert wurde und in dem das Individuum seine Erfüllung darin fand, seine Position im Staate gemäß dem **mos maiorum** („Sitte der Vorfahren": die altbewährte Weise) auszufüllen – kurz: Der Nutzen der Individualität erschöpfte sich in Rom darin, den Einzelnen dazu zu befähigen, seine Aufgabe für das Gemeinwohl möglichst gut zu erfüllen.
Die Verwendung von Zeit und Kraft auf Dinge, die keinen unmittelbaren Nutzen versprachen (wie z. B. die philosophische Frage nach dem Ursprung aller Dinge), war dem Römer wesensfremd. Einige der Aussagen griechischer Philosophenschulen – besonders zu Themen der Ethik und der Staatslehre – waren jedoch auch für ihn interessant: So ist die Philosophie bei den Römern v. a. dadurch gekennzeichnet, dass sie kaum komplexe Denkgebäude übernahm oder errichtete, sondern sich auf Themen beschränkte, die praktisch denkenden Menschen relevant zu sein schienen **(Eklektizismus)**.
Den ersten „hautnahen" Kontakt zur griechischen Philosophie hatten die Römer, als in den Jahren 156/155 v. Chr. eine aus drei griechischen Philosophen bestehende Delegation in Rom weilte und dort auch Vorlesungen hielt. Unter ihnen fand v. a. der Skeptiker Karneádes großen Anklang und begeisterte viele junge Römer zur Beschäftigung mit philosophischen Fragen. Die Reaktion konservativer Kreise war bezeichnend: Der sittenstrenge Zensor **Cato** der Ältere nötigte die drei Philosophen zum Verlassen der Stadt.
Dennoch ließen sich von nun an interessierte Römer nicht mehr davon abbringen, philosophischen Studien nachzugehen. Der Besuch bei prominenten Philosophen in Griechenland gehörte bald schon zum Bildungsprogramm der besseren Kreise. Noch im 2. Jahrhundert v. Chr. etablierte sich auch in Rom ein philosophischer Zirkel um den jüngeren Scipio **(„Scipionenkreis")**, dem berühmte Griechen, wie der Historiker Polýbios und der Stoiker Panáitios, und Römer, wie der Konsul C. Laelius und der Dichter Lucilius, angehörten und der sich bemühte, nationalrömische Einstellungen mit griechischem Gedankengut zu verschmelzen. Der Scipionenkreis hat die römische Geisteswelt nachhaltig geprägt.
M. Tullius **Cicero**, der sich schon in jungen Jahren für die Philosophie begeisterte und sie emsig studierte, gilt als wichtigster Meilenstein der römischen Philosophiegeschichte. Seine profunde Kenntnis der griechischen Philosophenschulen und seine herausragenden sprachlichen Fähigkeiten ermöglichten es ihm, zum wichtigsten **Vermittler der griechischen Philosophie** für die Römer zu werden. Neben seinem Bemühen, philosophische Überlegungen sogar in seine Gerichts- und Staatsreden einfließen zu lassen, schuf Cicero eine beträchtliche Zahl explizit philosophischer Schriften, in denen er

– meist in Dialogform – relevant erscheinende Ansichten der verschiedenen Philosophenschulen darlegte. Die dafür benötigte **Fachsprache** wurde ebenfalls von ihm geschaffen. Cicero war durch und durch Eklektiker: In der Erkenntnislehre hing er besonders der skeptischen Akademie an, in der Ethik favorisierte er die peripatetische und die stoische Lehre. Den Epikureismus lehnte er weitgehend ab – dass Cicero dennoch dafür sorgte, dass die ganz an Epikur orientierte Schrift *De rerum natura* des römischen Dichters Lukréz nach dessen Tode veröffentlicht wurde, zeigt, wie viel ihm trotz aller persönlichen Vorlieben an einer ausgewogenen Vermittlung griechischen Gedankenguts lag.

In der römischen Kaiserzeit, als durch die Allmacht der Kaiser politische Ambitionen immer weniger Nährboden fanden und mitunter das Gefühl des Ausgeliefertseins sehr stark war, fanden die Lehren der **Stoa** besonderen Anklang. Deren wichtigster römischer Vordenker war der Staatsmann und Philosoph L. Annaeus **Séneca** (4 v. Chr.–65 n. Chr.), der v. a. in seinen *Epistulae morales* das Ideal des stoischen Weisen darlegte, der im Streben nach philosophischer Erkenntnis Erfüllung findet und weltliche Unannehmlichkeiten ebenso wie die Furcht vor dem Tod geringschätzt. Als der Kaiser Nero ihm wegen angeblicher Beteiligung an einer Verschwörung den schriftlichen Befehl zukommen ließ, sich umzubringen, tat Seneca dies in stoischer Ruhe.

Epikur Sokrates Platon Thales

Zenon Aristoteles Seneca

14 Rom – Zentrum des Römischen Reiches

Das angeblich von Romulus **753 v. Chr.** gegründete Rom entstand in Wirklichkeit aus dem Zusammenschluss mehrerer auf Hügeln gelegener Dörfer indogermanischer Einwanderer unter etruskischem Einfluss. Da die Hügel Kapitol, Quirinal, Viminal, Esquilin, Aventin, Palatin und Caelius innerhalb des Stadtgebietes liegen, nennt man Rom auch die „Sieben-Hügel-Stadt".
Nordwestlich außerhalb des ursprünglichen Stadtgebietes befand sich eine weite Ebene, der **Campus Martius** (Marsfeld), der dem Kriegsgott Mars geweiht war und auf dem gewöhnlich die Volksversammlungen stattfanden.

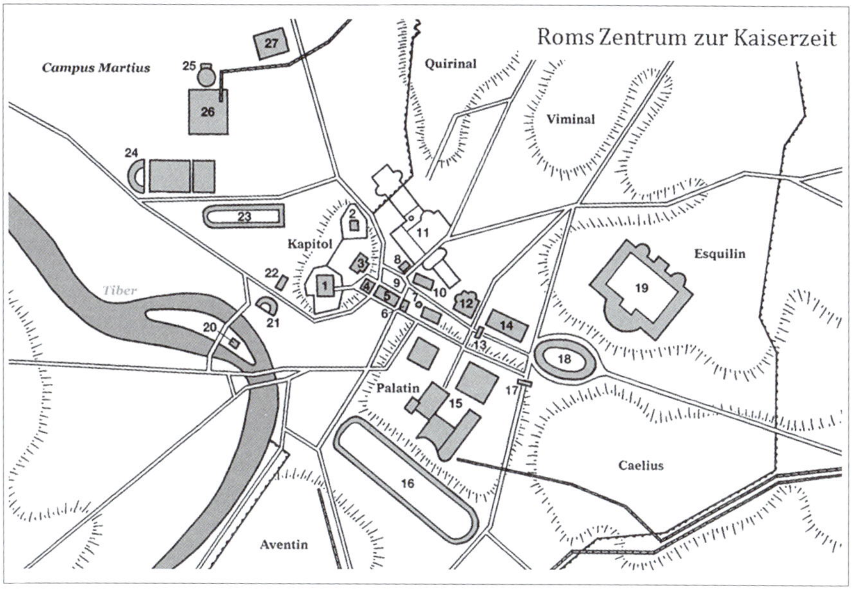

1 Jupitertempel, 2 Junotempel und Burg, 3 Staatsarchiv *(tabularium)*, 4 Saturntempel, 5 *Basilica Iulia*, 6 Kastor- und Polluxtempel, 7 Vestatempel, 8 Kurie, 9 *Forum Romanum*, 10 *Basilica Aemilia*, 11 Kaiserforen, 12 Konstantinsbasilika, 13 Titusbogen, 14 Venus- und Romatempel, 15 Kaiserpaläste, 16 *Circus Maximus*, 17 Konstantinsbogen, 18 *Amphitheatrum Flavium (Colosseum)*, 19 Trajansthermen, 20 Äskulaptempel, 21 Marcellustheater, 22 Apollotempel, 23 *Circus Flaminius*, 24 Pompeiustheater, 25 *Pantheon*, 26 Agrippathermen, 27 Hadrianstempel

In seiner Ausstattung mit öffentlichen Bauten war Rom das Vorbild für alle anderen Städte des Reiches. Besonders erwähnenswert sind:

- die **Tempel** *(templa)* der verschiedenen Gottheiten. Der wichtigste Tempel Roms war der des Jupiter auf dem Kapitolshügel.

- die **Thermen** *(thermae),* die nicht nur als Badeanstalten dienten, sondern durch ihre Ausstattung mit Sportstätten, Bibliotheken, Wandelgängen und Restaurants die verschiedensten Freizeitbeschäftigungen ermöglichten.
- die **Theater** *(theatra),* in denen v.a. nach griechischem Vorbild verfasste Tragödien und Komödien aufgeführt wurden.
- die **Amphitheater** *(amphitheatra),* die als Austragungsorte für Tierhetzen *(venationes)* und Gladiatorenkämpfe *(ludi gladiatorii)* dienten, bei denen zur Unterhaltung der Zuschauer Tiere und Menschen miteinander kämpfen mussten. Das größte jemals gebaute Amphitheater war das 80 n. Chr. von Kaiser Titus eröffnete *Amphitheatrum Flavium („Colosseum"),* in dem mehr als 50 000 Zuschauer Platz fanden.
- die **Pferderennbahnen** *(circi),* in denen jeweils vier Pferdegespanne miteinander um den Sieg wetteiferten. Die größte Pferderennbahn war der *Circus Maximus* am Fuße des Palatins, der ca. 150 000 Zuschauern Platz bot.

Das politische, wirtschaftliche und religiöse Zentrum der Stadt und des ganzen Reiches war jedoch ein zwischen Palatin und Kapitol gelegener Platz: das **Forum Romanum**. Nach dem Vorbild des *Forum Romanum* wurden auch die Zentren anderer Römerstädte gestaltet. Wichtige Bauwerke des *Forum Romanum* sind (vgl. die folgende Grafik):

(1) die **Kurie** *(curia),* das Gebäude, in dem die Senatssitzungen stattfanden. Zu manchen Sitzungen versammelten sich die Senatoren aber auch in bestimmten Tempeln.

(2) das **Comitium** *(comitium),* der Versammlungsplatz vor der Kurie.

(3) die **Rednertribüne** *(rostra),* von der aus Ansprachen an das Volk gehalten wurden und die auch bei manchen Gerichtsverhandlungen Verwendung fand.

(4) das **Staatsgefängnis** *(carcer),* in dem z. B. die Catilinarier und Vercingetorix hingerichtet wurden und auch die Apostel Petrus und Paulus eingekerkert waren.

(5) die gewaltigen **Basiliken** *(Basilica Aemilia, Basilica Iulia),* die v. a. als Markt- und Gerichtshallen verwendet wurden.

(6) die **Regia** *(regia),* ehemals das Haus der Könige, später ein Aufbewahrungsort für priesterliche Archive und Kultgegenstände unter Verwaltung des Oberpriesters.

(7) der **Tempel des Saturn** *(templum Saturni),* in dessen Kellergewölben zugleich der Staatsschatz aufbewahrt wurde.

(8) der **Rundtempel der Vesta** *(templum Vestae),* in dem das ewige Feuer brannte, mit dem angrenzenden **Palast der Vestalinnen** *(atrium Vestae),* in dem die sechs Vestalinnen und der Oberpriester wohnten.

(9) der **Tempel des Caesar** *(templum divi Iulii)*, den Augustus für seinen zum Gott erhobenen Adoptivvater bauen ließ.

(10) die **Heilige Straße** *(via sacra)*, die das Forum überquerte und danach zum Tempel des Jupiter auf dem Kapitol hinaufführte.

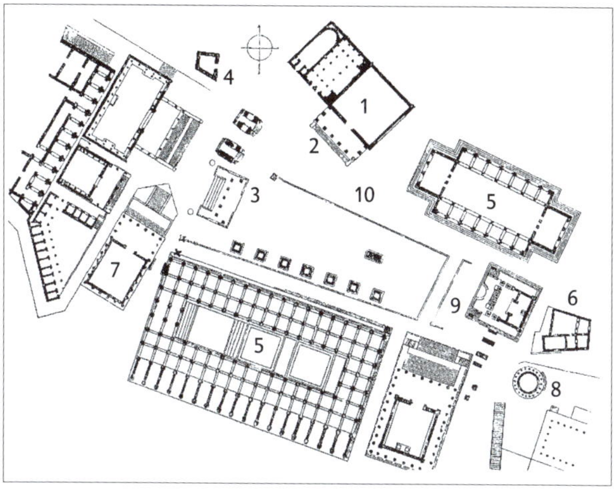

Das Forum Romanum in der Kaiserzeit

15 Nachwirkung

Die Wirkung der römischen Antike auf die europäische Geschichte und Kultur ist so vielfältig, dass es schwerfällt, in wenigen Sätzen auch nur einen Überblick darüber zu geben. Man mag zunächst vielleicht an die historischen Stätten in Rom und überall sonst im ehemaligen Römischen Reich denken, die einen Eindruck von der damaligen Zeit vermitteln können und beliebte Tourismusziele geworden sind; viel bedeutsamer für unser Leben ist aber der normierende Einfluss, den das römische Altertum auf unzählige Aspekte unserer Kultur ausübte:

Die **lateinische Sprache** lebt auf den Gebieten des ehemaligen Reiches in Form der verschiedenen **Nationalsprachen** fort, die sich aus ihr entwickelt haben („romanische Sprachen“, wie z. B. Italienisch, Französisch, Spanisch, Portugiesisch, Rumänisch) oder von ihr beeinflusst wurden (z. B. Englisch, das zwar zu den germanischen Sprachen gehört, dessen Wortschatz aber sehr viele Wörter enthält, die auf lateinische Wurzeln zurückgehen). Als **Sprache der Kirche**, **der Wissenschaft und der Diplomatie** war Latein noch über viele Jahrhunderte die *lingua franca*, mit der man sich international verständi-

gen konnte. Bis zum heutigen Tage werden Fachtermini gern im Rückgriff auf lateinische (und griechische) Vokabeln gebildet.
Elemente aus dem **politischen System** der römischen Republik und des römischen Kaiserreichs lebten in den europäischen Kulturen viele Jahrhunderte lang fast unverändert fort: Die Titel Kaiser und Zar leiten sich von Caesar her, das Zepter der Triumphatoren und der zur Krone umgebildete Kranz gehörten zu den Reichsinsignien, aus der *sella,* dem Sitz des römischen Beamten, wurde der Thron des Herrschers. Aber auch heute sind einige dieser Elemente noch lebendig: Das Capitol in Washington, die Kurie des Papstes, der Senat von Bremen oder der Adler im Wappen der Bundesrepublik Deutschland gehen auf römische Vorbilder zurück.
Der von C. Iulius Caesar etablierte **Kalender** gilt (mit späteren Verbesserungen) heute überall auf der Welt; auch die fast überall gebräuchlichen Namen der Monate gehen auf ihre römischen Benennungen zurück.
Das römische Vorbild für den **Häuser-**, **Straßen-**, **Städte- und Brückenbau** ist überall unverkennbar: Betonbauweise, Kuppeln, sich rechtwinklig kreuzende Straßen, Stadtviertel, zentrale Marktplätze und Abwasserkanäle sind überall vorhandene Anzeichen römischen Einflusses.
Die Vorbildwirkung **römischen Geistesschaffens** auf die europäische Literatur und Wissenschaft ist unübersehbar: Vergils *Aeneis* und Ovids *Metamorphosen* gehören zu den meistgelesenen und -rezipierten Werken der **Weltliteratur**; die Auffassungen römischer Geschichtsschreiber (wie z. B. Caesar, Sallust und Tacitus) bilden nach wie vor den Gegenstand fruchtbarer Diskussion, Ciceros Reden sind noch immer Lehrstücke der **Rhetorik**, auf seinen philosophischen Schriften, in denen er die Ansichten der griechischen Philosophenschulen vermittelte, fußt die **Philosophie** des europäischen Mittelalters, in dem man die griechischen Quellen selbst nicht mehr hatte oder verstand.
Das **römische Recht** hatte – v. a. in Form der in der Kaiserzeit erstellten Kodizes, wie z. B. des *Corpus Iuris Civilis* – solchen Einfluss auf die europäische Rechtstradition, dass selbst einige der Rechtssätze des BGB noch wörtliche Übertragungen ihres lateinischen Vorbilds sind.

Stichwortverzeichnis zur Grammatik

Die Ziffern beziehen sich auf die Kapitel. Durch farbigen Fettdruck sind die jeweils relevantesten Kapitel hervorgehoben.

Stichwortverzeichnis zur Realienkunde

Die Ziffern beziehen sich auf die Seitenzahl.

Ihre Meinung ist uns wichtig!

Ihre Anregungen sind uns immer willkommen. Bitte informieren Sie uns mit diesem Schein über Ihre Verbesserungsvorschläge!

Titel-Nr.	Seite	Vorschlag

Bitte hier abtrennen

Zutreffendes bitte ankreuzen!

Die Absenderin/der Absender ist:

- ☐ Lehrer/in in den Klassenstufen: ______
- ☐ Fachbetreuer/in
  Fächer: ______
- ☐ Seminarlehrer/in
  Fächer: ______
- ☐ Regierungsfachberater/in
  Fächer: ______
- ☐ Oberstufenbetreuer/in
- ☐ Schulleiter/in
- ☐ Referendar/in, Termin 2. Staatsexamen: ______
- ☐ Leiter/in Lehrerbibliothek
- ☐ Leiter/in Schülerbibliothek
- ☐ Sekretariat
- ☐ Eltern
- ☐ Schüler/in, Klasse: ______
- ☐ Sonstiges: ______

Unterrichtsfächer: (Bei Lehrkräften!)

______

STARK Verlag
Postfach 1852
85318 Freising

19-V1T_GW
Bitte ausfüllen und im frankierten Umschlag an uns einsenden. Für Fensterkuverts geeignet.

Kennen Sie Ihre Kundennummer? Bitte hier eintragen.

Absender (Bitte in Druckbuchstaben!)

Name/Vorname

Straße/Nr.

PLZ/Ort/Ortsteil

Telefon privat

Geburtsjahr

E-Mail

Schule/Schulstempel (Bitte immer angeben!)

Bitte hier abtrennen

(Bitte blättern Sie um)

Geschichte

Geschichte 1 – Baden-Württemberg – Die Entwicklung der politischen Kultur im Kaiserreich und in der Weimarer Republik · Die Zerstörung der Demokratie durch den Nationalsozialismus ... Best.-Nr. 84761
Geschichte 2 – Baden-Württemberg Deutschland seit 1945 · Die bipolare Welt ... Best.-Nr. 84762
Geschichte 1 – Bayern Vom 19. Jahrhundert bis zum Ende des Nationalsozialismus ... Best.-Nr. 94781
Geschichte 2 – Bayern Deutschland seit 1945 · Europäische Einigung Weltpolitik der Gegenwart ... Best.-Nr. 94782
Geschichte 1 – NRW Vom 19. Jahrhundert bis zum Ende des Nationalsozialismus ... Best.-Nr. 54761
Geschichte 2 – NRW Deutschland und Europa nach dem Zweiten Weltkrieg ... Best.-Nr. 54762
Geschichte 1 – Deutschland vom 19. Jahrhundert bis zum Ende des Nationalsozialismus ... Best.-Nr. 84763
Geschichte 2 – Deutschland seit 1945 · Europäische Einigung Weltpolitik der Gegenwart ... Best.-Nr. 84764
Methoden Geschichte ... Best.-Nr. 94789
Abitur-Wissen Die Antike ... Best.-Nr. 94783
Abitur-Wissen Das Mittelalter ... Best.-Nr. 94788
Abitur-Wissen Die Französische Revolution ... Best.-Nr. 947810
Abitur-Wissen Die Ära Bismarck: Entstehung und Entwicklung des deutschen Nationalstaats ... Best.-Nr. 94784
Abitur-Wissen Imperialismus und Erster Weltkrieg Best.-Nr. 94785
Abitur-Wissen Die Weimarer Republik ... Best.-Nr. 47815
Abitur-Wissen Nationalsozialismus und Zweiter Weltkrieg ... Best.-Nr. 94786
Abitur-Wissen Deutschland von 1945 bis zur Gegenwart ... Best.-Nr. 947811
Kompakt-Wissen Abitur Geschichte Oberstufe ... Best.-Nr. 947601
Lexikon Geschichte ... Best.-Nr. 94787

Kunst

Abitur-Wissen Malerei, Plastik, Architektur (G8) . Best.-Nr. 949618
Abitur-Wissen Malerei (G9) ... Best.-Nr. 94961
Abitur-Wissen Analyse und Interpretation (G9) .. Best.-Nr. 94962

Wirtschaft/Recht

Wirtschaft – Markt und Preise, Die Zukunft der Sozialen Marktwirtschaft ... Best.-Nr. 84851
Betriebswirtschaft ... Best.-Nr. 94851
Abitur-Wissen Volkswirtschaft ... Best.-Nr. 94881
Abitur-Wissen Rechtslehre ... Best.-Nr. 94882
Kompakt-Wissen Abitur Volkswirtschaft ... Best.-Nr. 948501

Politik

Abitur-Wissen Internationale Beziehungen ... Best.-Nr. 94802
Abitur-Wissen Demokratie ... Best.-Nr. 94803
Abitur-Wissen Sozialpolitik ... Best.-Nr. 94804
Abitur-Wissen Die Europäische Einigung ... Best.-Nr. 94805
Abitur-Wissen Politische Theorie ... Best.-Nr. 94806
Kompakt-Wissen Abitur Politik/Sozialkunde ... Best.-Nr. 948001
Lexikon Politik/Sozialkunde ... Best.-Nr. 94801

Ethik

Ethische Positionen in historischer Entwicklung ... Best.-Nr. 94951
Abitur-Wissen Philosophische Ethik ... Best.-Nr. 94952
Abitur-Wissen Glück und Sinnerfüllung ... Best.-Nr. 94953
Abitur-Wissen Freiheit und Determination ... Best.-Nr. 94954
Abitur-Wissen Recht und Gerechtigkeit ... Best.-Nr. 94955
Abitur-Wissen Religion und Weltanschauungen .. Best.-Nr. 94956
Abitur-Wissen Politische Ethik ... Best.-Nr. 94958

Religion

Katholische Religion 1 – gk ... Best.-Nr. 84991
Katholische Religion 2 – gk ... Best.-Nr. 84992
Abitur-Wissen GK ev. Religion Der Mensch zwischen Gott und Welt ... Best.-Nr. 94973
Abitur-Wissen GK ev. Religion Die Verantwortung des Christen in der Welt ... Best.-Nr. 94974
Abitur-Wissen Glaube und Naturwissenschaft ... Best.-Nr. 94977
Abitur-Wissen Jesus Christus ... Best.-Nr. 94978
Abitur-Wissen Die Frage nach dem Menschen ... Best.-Nr. 94990
Abitur-Wissen Die Bibel ... Best.-Nr. 94992
Abitur-Wissen Christliche Ethik ... Best.-Nr. 94993

Erziehungswissenschaft

Erziehungswissenschaft NRW GK/LK ... Best.-Nr. 54941
Erziehungswissenschaft ... Best.-Nr. 94941

Pädagogik/Psychologie

Grundwissen Pädagogik ... Best.-Nr. 92480
Grundwissen Psychologie ... Best.-Nr. 92481

Sport

Bewegungslehre · Sportpsychologie ... Best.-Nr. 94981
Trainingslehre ... Best.-Nr. 94982

Bestellungen bitte direkt an:
STARK Verlagsgesellschaft mbH & Co. KG · Postfach 1852 · 85318 Freising
Tel. 0180 3 179000* · Fax 0180 3 179001* · www.stark-verlag.de · info@stark-verlag.de
* 9 Cent pro Min. aus dem deutschen Festnetz

STARK

19-V1T_GW